Eckart Hammer

Unterschätzt:
Männer in der Angehörigenpflege

Eckart Hammer

Unterschätzt: Männer in der Angehörigenpflege

Was sie leisten und welche Unterstützung sie brauchen

KREUZ

Meiner Mutter,
Maria Schmid,
die mich viel über das Alter(n) lehrt.

MIX
Papier aus verantwor-
tungsvollen Quellen
FSC® C106847

© KREUZ VERLAG
in der Verlag Herder GmbH, Freiburg im Breisgau 2014
Alle Rechte vorbehalten
www.kreuz-verlag.de

Satz: de·te·pe, Aalen
Herstellung: fgb · freiburger graphische betriebe
www.fgb.de

Printed in Germany

ISBN 978-3-451-61265-7

Inhalt

Einleitung 9

1. Pflegen? – Längst schon Männersache! 13

Der alte(rnde) Mann, das unbekannte Wesen 13
Die marginalisierten pflegenden Männer 16
Ehrenamtliche Care-Worker 18
Die strukturelle Feminisierung des Mannes im Alter 19

2. Wie Männer Pflege organisieren 22

Wege in die Pflege 25
Fünf Grundtypen häuslicher Pflege 33
    Typ I: Der Solist 34
    Typ II: Der überforderte Einzelkämpfer 39
    Typ III: Der Care-Manager 44
    Typ IV: Der Kooperateur 50
    Typ V: Der erschöpfte Kooperateur 56

3. Wie Männer Pflege bewältigen 64

Kontinuität, Normalität und Freiräume
bewahren 64
Äußere und innere Distanzierung 68
Offensives Outing 75
Pflege als Herausforderung 81
Produzentenstolz 89
Organisation und Management 93
Paternalistische Haltung 96
Dankbarkeit, Bereicherung und Entwicklung 102

Religiöse oder spirituelle Sinngebung 110
Die Identität als Mann bewahren 115

4. Was Männer in der Pflege belastet 123

Informationsdefizite 123
Abbau, Kommunikationsverlust und Isolation 126
Inkontinenz, Ekel, Scham 133
Schuldgefühle 138
Eigene Krankheiten 145
Materielle Rahmenbedingungen 148
Hoffnungs- und Perspektivlosigkeit 152

5. Wenn Pflege an Grenzen gerät 159

Kinderpflege ist Natur, Altenpflege ist Kultur 160
Bis dass der Tod uns scheidet 162
Gewaltig überfordert 164
Von der Berufs- zur Selbstaufgabe 166
Daheim oder ins Heim? 167
Die finale Grenze 172

6. Was Männer in der Pflege brauchen 175

Wenn die Diagnose aus heiterem Himmel kommt . . 175
Wer sich nicht wehrt, lebt verkehrt 177
Ein guter Ehemann, ein guter Sohn pflegt
nicht alleine! 181
Pflegende Männer brauchen Öffentlichkeit 186
Pflegende Männer brauchen pflegende Männer . . . 187
Gesucht sind Pflegepioniere 192
Die innere Bereicherung durch die Pflege
wahrnehmen 195

7. Und wer wird uns pflegen? 199

Die gute Zeit der Alten ist heute! 199
Das vierfache Altern 201
Pflege – die Herausforderung des 21. Jahrhunderts . 203
Heute schon an morgen denken 204
Einsam oder gemeinsam 205
Mit anderen für andere für mich 208
Mehr Männer in die Altenpflege 210
Leben und sterben, wo ich hingehöre 213
Bewusst angenommene Abhängigkeit 215
(M)Eine Care-Biografie 216

Literatur 219

Anmerkungen 223

Einleitung

Über 4 Millionen hilfs- und pflegebedürftige Menschen werden derzeit in Deutschland von mindestens ebenso vielen Angehörigen zu Hause betreut und gepflegt[1]. Um die 36 Prozent dieser sorgenden Angehörigen sind Männer, vor allem Ehemänner und auch Söhne. Das sind rund 1,5 Millionen Männer, die von der Öffentlichkeit und ebenso von der Fachwelt weitgehend übersehen werden, während sie sich ganz selbstverständlich um ihre hilfs- und pflegebedürftigen Angehörigen kümmern und eine tragende Säule unserer Altersversorgung begründen. Angehörigenpflege ist längst schon Männersache!

Dieses Buch will Männer, die ihre Angehörigen pflegen, aus ihrem Schattendasein holen. Denn diese Männer werden hinsichtlich ihrer Pflegetätigkeit nicht nur quantitativ, sondern auch qualitativ weit unterschätzt. Mein Anliegen ist, sichtbar zu machen, wie Männer Betreuung und Pflege gestalten, was sie dafür an Unterstützung brauchen, wo ihre Pflege an Grenzen gerät und warum unsere Gesellschaft immer mehr auf pflegende und sorgende Männer angewiesen sein wird. Das Buch basiert auf 25 intensiven Interviews mit Männern in der Angehörigenpflege und den Ergebnissen anderer Studien vor allem aus dem angelsächsischen Raum; im deutschsprachigen Raum ist das Thema weitgehend unerforscht.

Das Buch will pflegende Männer in ihrer Tätigkeit begleiten und unterstützen; es will Männer, die vor einer Pflegeentscheidung stehen, ermutigen und ihnen zu einer förderlichen Pflegehaltung verhelfen; es will Frauen, (Schwieger-)Töchter und andere Angehörige darin bestärken, Männer in die Pflege einzubeziehen; es will Fachkräfte und andere Interessierte über die spezifischen Belange von Männern in der häuslichen Pflege informieren. Pflege und Demenz sind die zentralen gesellschaftlichen Herausforderungen des 21. Jahrhunderts; schon jeder zweite Erwachsene ist heute in seinem unmittelbaren Umfeld davon betroffen.

Dieses Buch befasst sich *nicht* mit der Frage, was männliche und weibliche Pflege unterscheidet. Aber wo in vielen Pflegestudien Männer nur eine Restkategorie bilden, die nicht selten klischeehaft und durch die Brille der forschenden Frauen gesehen werden, soll hier die Perspektive der pflegenden Männer eingenommen werden. In einer den Männern zugewandten Haltung geht es um Fragen, wie Männer ihre Pflegeerfahrungen beschreiben, was sie dabei erleben, wie sie die vielfältigen Herausforderungen bewältigen und was sie dafür brauchen. Inwieweit dies männerspezifisch ist oder ob sich auch Frauen in den Befunden und Schlussfolgerungen wiederfinden, kann nur in einer vergleichenden Untersuchung erhellt werden.

Nach meiner Beschäftigung mit dem Altern des Mannes im Allgemeinen in »Männer altern anders« (2007) und Wegweisern für das nachberufliche Leben in »Das Beste kommt noch – Männer im Unruhestand« (2010) richtet nun dieses dritte Buch den Scheinwerfer auf eine unterbelichtete »Männersache«. An einigen einschlägigen Zusammenhängen aus den beiden Vorgängerbüchern werde ich, wo sie einem besseren Verständnis dienen, nochmals anknüpfen.

Ich danke sehr herzlich den 25 pflegenden Männern, die so bereitwillig, persönlich und offen über ihre Pflegegeschichte und die Höhen und Tiefen ihrer Pflegesituationen berichtet haben. Verbunden bin ich allen Fachleuten, die

die Interviewpartner gewonnen haben. Dankbar bin ich den Teilnehmenden meines Forschungsseminars für ihre fundierten Beiträge und kritischen Reflexionen: Daniel Avser, Sandra Bretschneider, Karoline Gappa-Winkelmann, Katharina Mall, Doreen Kierschke, Anja Steinacher. Dr. Thomas Fliege danke ich für seine großzügige kollegiale Unterstützung. Dankbar bin ich Imke Rötger, meiner Lektorin, für ihren beharrlich ermutigenden Einsatz für dieses Projekt und ihre freundlich kritische Begleitung.

1. Pflegen? – Längst schon Männersache!

Ich glaube, wir alten Säcke sind wieder sehr gefragt.

(Georg Ringsgwandl)

»Das Alter ist weiblich!«, so lautet der kategorische Satz vieler Publikationen und Verlautbarungen, die sich mit den Geschlechterverhältnissen im Alter befassen. Und in der Tat scheinen die Zahlen dies zu belegen: Während bis zum Alter von 65 die Geschlechterrelation noch annähernd ausgeglichen ist, kommen bei den 80-Jährigen zwei Männer auf drei Frauen und bei den 90-Jährigen beträgt das Verhältnis bereits eins zu drei[2]. Altenclubs, Altenkreise und andere Angebote für Ältere werden vorwiegend von Frauen besucht. Rund 85 Prozent der in Pflegeheimen Lebenden sind Frauen, die von prozentual ebenso vielen weiblichen Pflegekräften[3] und noch mehr hauswirtschaftlichen Mitarbeiterinnen versorgt und von überwiegend weiblichen Ehrenamtlichen betreut werden. Auch in der Pflege von Angehörigen sind es in der Mehrzahl Ehefrauen, Töchter und Schwiegertöchter, die sich um ihre Partner oder Eltern kümmern.

Der alte(rnde) Mann, das unbekannte Wesen

Weil das Alter weiblich ist, so die häufige Schlussfolgerung, müssen alle Energien auf die benachteiligten alten Frauen und auf die, die sich um sie kümmern, konzentriert werden. Es soll keineswegs in Abrede gestellt werden, dass Frauen mehr als Männer von Altersarmut betroffen sind, dass sie häufiger alleine leben müssen und in Verbindung mit ihrer höheren Lebenserwartung darum auch öfter auf stationäre Pflege angewiesen sind. Aber mit welchem Recht werden die Lebenslagen der männlichen Minderheit bagatellisiert oder – noch schlimmer – gar nicht erst zur Kenntnis genommen? Der alte Mann ist noch immer das unbekannte Wesen der Sozialforschung und der Gerontologie – kaum erforscht, selten besprochen, wenig bekannt. Die Gerontologie, die Wissenschaft vom Alter(n), hat das Wissen über nahezu alle Fragen des Alter(n)s rasant vermehrt und den Kontinent »Alter« fast lückenlos erforscht und vermessen. Doch den älteren Mann hat sie bei ihren vielfältigen Bemühungen weitgehend übersehen und vergessen.

Die wenigen gesicherten wissenschaftlichen Befunde zu Männern und Alter, die ich in meinem Buch »Männer altern anders« zusammengetragen und in vielen Vorträgen auch außerhalb der Fachwelt vorgestellt habe, stoßen auf eine überraschend große Resonanz:

- Wie können Männer – und auch ihre Partnerinnen – die Krise der Entberuflichung bewältigen?
- Wie kann Partnerschaft unter völlig veränderten äußeren Bedingungen gelingen?
- Wie kann man eine nachberufliche Lebensspanne gestalten, die länger als die Berufsphase sein kann?
- Wie bewältigen Männer körperliche Einbußen und Gebrechlichkeit?
- Warum ist die Suizidquote der alten Männer so unglaublich hoch?
- Warum sterben die Männer im Vergleich zu den Frauen so früh und warum wird dies überwiegend achselzuckend als »Naturgesetz« zur Kenntnis genommen?

Es ist müßig, darüber zu streiten, ob Mann oder Frau die größeren Probleme mit dem Alter(n) hat, es sind in jedem

14

Fall andere. Gerade weil Alter und Altenarbeit so weiblich geprägt sind, ist es umso wichtiger, die männliche Minderheit nicht aus dem Blick zu verlieren. Wo findet der Mann in einer weiblichen Altersgesellschaft seinen Platz? Was sind Ursachen dieser Asymmetrien? Was muss geschehen, damit sich die (Geschlechter-)Verhältnisse verändern? So wie das Postulat »Das Alter ist weiblich« den Blick auf den alten und alternden Mann verstellt, gilt dies auch für den viel gebrauchten Satz »Die Pflege ist weiblich!«. Er stimmt, wenn man sich die professionelle Alten- und Krankenpflege anschaut, wo auf einen Mann vier Frauen kommen. Mit allen Mitteln ist deswegen auf eine Erhöhung des Männeranteils in der professionellen Pflege hinzuwirken[4].

Aber dieser Satz stimmt zunehmend weniger, wenn man die Pflege von Angehörigen zu Hause betrachtet. Zwar gibt es bislang nur wenige belastbare statische Zahlen zum Geschlechterverhältnis in der häuslichen Pflege, unter anderem deswegen, weil mit unterschiedlichen Definitionen von »Hilfs- und Pflegebedürftigkeit« und dementsprechend von »Pflegepersonen« operiert wird. Aber auch wenn man sich nur auf die Hauptpflegepersonen im Sinne des Pflegeversicherungsgesetzes beschränkt*, ist der Männeranteil nach den Ergebnissen bundesweit repräsentativer Infratest-Untersuchungen von 1996 bis 2010 von 20 auf 28 Prozent aller Pflegenden angestiegen, der Anteil der pflegenden Söhne hat sich im gleichen Zeitraum von 5 auf 10 Prozent verdoppelt[5].

Da an häuslichen Pflegeverhältnissen im Durchschnitt jedoch mindestens zwei Angehörige beteiligt sind[6], be-

---

* Nach §19 SGB XI muss die Pflege mindestens 14 Stunden pro Woche umfassen und die gepflegte Person muss Anspruch auf Leistungen der Pflegeversicherung haben.

schreibt diese amtliche Definition von Pflegepersonen nur die halbe Wirklichkeit. Der Sozioökonomische Panel (SOEP) erfasst über die Hauptpflegepersonen hinaus auch alle anderen Beteiligten, die für pflegebedürftige Personen mindestens eine Stunde pro Tag aufwenden. Nach dieser Repräsentativbefragung belief sich der Männeranteil von 2007 bis 2010 auf 36,3 Prozent, was 2010 insgesamt 1,47 Millionen Männer waren[7]. 2008 lag bei den 60- bis 86-Jährigen der Anteil der Männer, die nach eigener Aussage pflegen, sogar bei 40 Prozent[8].

An dieser Stelle sei im Übrigen auch das allfällige Gerede von der angeblich nachlassenden und zurückgehenden Pflegebereitschaft der Angehörigen entschieden zurückgewiesen: Nach wie vor werden 70 Prozent aller Pflegebedürftigen zu Hause gepflegt. Von 2001 bis 2010 hat die Zahl der Frauen und Männer, die sich um ihre pflegebedürftigen Angehörigen kümmern, von 3,1 auf insgesamt 4,3 Millionen zugenommen und sich damit um 37 Prozent gesteigert[9]. Zu keiner Zeit haben so viele Menschen ihre Angehörigen gepflegt wie heute, obwohl die Voraussetzungen hierfür durch abnehmende Kinderzahlen, zunehmende Berufstätigkeit und wachsende berufliche Mobilität immer schwieriger werden!

Die marginalisierten pflegenden Männer

Männer sind damit deutlich häufiger und aktiver an Pflege beteiligt, als dies vielfach angenommen oder suggeriert wird. Häusliche Pflege ist längst schon zur Männersache geworden. Dies wird allerdings – auch in Fachpublikationen – immer wieder übersehen, verschwiegen oder als angeblich quantitativ irrelevant ausgeklammert. Was wir heute über

Männer und Pflege wissen, kommt vorwiegend aus angelsächsischen Untersuchungen. Aber auch dort beklagt der amerikanische Pflegeforscher Richard Russell, dass Männer als Pflegende nur gelegentlich in der Pflegeliteratur der letzten beiden Jahrzehnte erwähnt wurden und dass ihre Erfahrungen fortwährend übersehen oder marginalisiert werden oder lediglich als Kontrastfolie für weiblich Pflegende benutzt werden[10]. Oder wie sein Kollege Lenard Kaye beklagt, die Männer in der familiären Pflege würden damit aus dem gesellschaftlichen Bewusstsein gelöscht[11].

Entgegen ihren erklärten Absichten tragen solch einseitigen Publikationen dazu bei, dass Pflege weiterhin als »weiblich« betrachtet und so der Status quo verfestigt wird. Wie sich solche wissenschaftliche Einäugigkeiten in sozialpolitischen Publikationen und Maßnahmen niederschlagen können, belegt die Veröffentlichung eines Statistischen Landesamtes: Dort wird in einer Statistik unter dem Begriff »informelles Pflegepotenzial« die zurückgehende familiäre Pflegebereitschaft beklagt. In einer Fußnote kann man mit Erstaunen nachlesen, was mit »informellem Pflegepotenzial« gemeint ist, nämlich ausschließlich 45- bis 60-jährige Ehefrauen und (Schwieger-)Töchter mit einer maximalen Berufstätigkeit von 50 Prozent[12]. Diese Definition geht jedoch vollkommen an der Pflegewirklichkeit vorbei, da die so definierte Gruppe lediglich ein Drittel aller tatsächlich in der Angehörigenpflege Tätigen umfasst. Vor diesem Hintergrund nimmt es auch nicht wunder, dass sich bislang alle Ratgeberliteratur zum Thema »Häusliche Pflege« ausschließlich an Frauen wendet[13].

Auch der gelegentlich vorgebrachte Einwand, dass man die *Quantität* der pflegenden Männer ja nicht infrage stellen würde, aber dass die *Qualität* der männlichen Pflege eine geringere als die der Frauen sei, lässt sich nicht halten.

Der zeitliche Umfang für die Pflege unterscheidet sich bei Frauen und Männern nur unwesentlich: Gemäß dem 7. Familienbericht der Bundesregierung verwenden Frauen durchschnittlich drei Stunden für die Pflege und Männer etwas mehr als zweieinhalb Stunden[14].

Ehrenamtliche Care-Worker

Neben den Männern in der Pflege ihrer Angehörigen gibt es eine wachsende Zahl von Männern, die sich im weiteren Feld von Care ehrenamtlich oder gegen eine geringfügige Aufwandsentschädigung engagieren. Der Begriff Care, für den es im Deutschen keine angemessene Entsprechung gibt, umfasst das weite Spektrum fürsorglicher Tätigkeit für Menschen zwischen erziehen, kümmern, begleiten, betreuen, versorgen und pflegen, die im Lebensverlauf oder in besonderen Lebenssituationen abhängig sind.

Während sich der Anteil ehrenamtlich engagierter Menschen in den letzten Jahren konstant um 36 Prozent bewegt, stieg die Engagementquote der Männer zwischen 55 und 70 Jahren bemerkenswert an und liegt bei rund 40 Prozent und auch bis 75 Jahre noch bei 37 Prozent[15]. Ein wachsender Teil dieser Männer ist in pflegeflankierenden Projekten wie Nachbarschaftshilfen, häuslichen Besuchsdiensten, Besuchsdiensten im Krankenhaus- und Pflegeheim, Betreuungsgruppen für demenziell Erkrankte, Hospizdiensten oder innovativen Initiativen wie den baden-württembergischen Seniorennetzwerken engagiert. Diese unterstützen das selbstständige Wohnen zu Hause und können so eine Heimunterbringung vermeiden oder hinausschieben durch Wohnberatung, durch Fahrdienste und Bürgerbusse, durch Mitwirkung in Seniorenräten, durch die Initiierung von gemeinschaftlichen Wohnprojekten und anderem mehr[16].

Aber warum werden die Männer in der Angehörigenpflege so häufig »vergessen«, übersehen und marginalisiert, warum stehen sie so im Schatten? Vor allem wird
dies an unserem tief verinnerlichten, jahrhundertealten
Leitbild liegen, wonach Pflege eben durch und durch
weiblich ist. So wie man sich noch immer schwer vorstellen kann, dass Frauen auf dem Bau arbeiten, passen Männer nicht zu unserem Bild der Pflege. Man weiß zwar, dass
es auch männliche Kranken- und Altenpfleger gibt, aber
ein »richtiger« Mann hat dort eigentlich nichts verloren.
Mit dieser Brille sind wir geneigt, pflegende Männer weiterhin als Ausnahmephänomene wahrzunehmen, die die
Regel bestätigen, dass Pflege Frauensache ist.

Die strukturelle Feminisierung des Mannes im Alter

Wenn Männer nach dem Berufsleben, das meist eine von
Männern geprägte Welt war und noch immer ist, in den
Ruhestand beziehungsweise nach Hause kommen und
pflegen, dann sind sie von einer »strukturellen Feminisierung«, wie der Alterssoziologe Martin Kohli sagt, in dreifa-
cher Hinsicht betroffen. Das nachberufliche Leben entlässt
die heute älteren Männer, deren Partnerschaft meist noch
von der klassischen Rollenverteilung geformt war, in die
Domäne der Frau. »Papa ante portas«, der bis vor Kurzem
noch mit einer klaren beruflichen Rolle identifizierte Mann,
sucht – häufig vergeblich – seinen Platz in einer weiblich
geprägten Welt. Und auch jenseits der familiären Welt findet er sich, je älter, umso häufiger, unter Frauen wieder,
etwa im Gemeindehaus im Stuhlkreis um die liebevoll ge-
staltete Mitte sitzend, um sich dann womöglich alsbald an
den Händen zu fassen und sich meditativen Tänzen hinzu-
geben.

Die dritte Feminisierung ist dann schließlich die Übernahme des »Frauengeschäfts« Pflege, die den Mann erneut mit einer neuen Rollenzumutung konfrontiert. Er muss, so Kohli, den Rollenwechsel vom sichtbaren Ernährer zum unsichtbaren »Schattenarbeiter« bewältigen[17]; anerkannte männliche Arbeit ist sichtbar und kreativ, die unsichtbare Pflege gibt den Männern das Gefühl, auch als Männer unsichtbar zu sein[18]. Alte Männer, die ihre Ehefrauen pflegen, leben oft noch mit einem Selbstbild, das maßgeblich durch Jugendbewegung und Krieg geprägt wurde, das körperliche und emotionale Härte idealisierte und alles Weibliche als die männliche Identität bedrohend abwehren musste. So nimmt es nicht wunder, wenn sich der pflegende Mann mit seiner neuen Aufgabe nicht stolz und selbstbewusst am Stammtisch brüstet (abgesehen davon, dass er hierzu meist gar keine Zeit mehr hat), sondern eher still und verschämt seine Arbeit tut. Denn wo pflegende Männer ein solches Ausnahmephänomen zu sein scheinen, pflegt Mann besser im Verborgenen. Deswegen ist es unter anderem so wichtig, pflegende Männer sichtbar zu machen, ihre Tätigkeit zu normalisieren, und Gruppen für pflegende Männer anzubieten, wo sie sich austauschen und in ihrer Identität gegenseitig bestärken können.

Bei der Frage nach den übersehenen Männern in der Pflege bleibt schließlich der Verdacht, dass es auch im wissenschaftlichen Diskurs und bei sozialpolitischen Fördermaßnahmen ein Interesse daran geben könnte, dass alles beim Alten bleibt. So wird noch 2008 in einer Fachpublikation behauptet: »Es ist eine bekannte Tatsache, dass ca. 85 Prozent der pflegenden Angehörigen Frauen sind«[19]; abgedruckt in einem Sammelband, in dem wie häufig unter »Geschlecht« nur Frauen und deren Benachteiligung diskutiert werden und nahezu ausschließlich Frauen zu

Wort kommen. Geschlechter- und Pflegeforschung ist überwiegend Forschung von Frauen über Frauen, die mitunter daran interessiert sind, das Klischee einer strukturellen weiblichen Benachteiligung und einer männlichen Privilegierung zu konservieren, um dadurch entsprechende finanzielle Mittel für eine Frauenförderung zu erschließen. Auch hier sei ausdrücklich unterstrichen, dass es nach wie vor strukturelle Ungleichheiten der Geschlechter gibt, aber ein differenzierterer Blick wäre für die Gleichstellung der Geschlechter hilfreicher.

2. Wie Männer Pflege organisieren

Das Menschenleben ist seltsam eingerichtet:
Nach den Jahren der Last
hat man die Last der Jahre.
(Johann Wolfgang von Goethe)

Der pflegende Mann ist bislang noch ein weitgehend unbeforschtes und unbekanntes Wesen. Fast alle Studien konzentrieren sich noch immer auf die Pflegeleistungen von Frauen. »Im Unterschied zu Frauen ist jedoch der Kenntnisstand über die Herausforderungen und Erfahrungen von pflegenden Männern gering und bietet wenig gesichertes Wissen, wie informelle Pflegerollen von Männern weiter entwickelt und gefördert werden können«[20]. Bislang liegen im deutschsprachigen Raum lediglich zwei größere Untersuchungen vor: Eine Studie von Stefanie Klott zu pflegenden Söhnen und eine große qualitative Befragung pflegender Ehemänner von Manfred Langehennig[21]. Das meiste Wissen kommt aus angelsächsischen oder skandinavischen Untersuchungen.

Je nach Untersuchungsdesign kommen die vorliegenden Studien zu teilweise widersprüchlichen Ergebnissen. Quantitative, breit angelegte und auf Fragebögen gestützte Untersuchungen haben nach Einschätzung des amerikanischen Pflegeforschers Richard Harris nicht selten ein stereotypes »eindimensionales Bild vom effizient und vergleichsweise geringer belasteten pflegenden Mann geliefert, während neuere qualitative Arbeiten das Wissen deutlich expandieren, indem sie unterschiedliche Facetten der Pflegeerfahrung von Männern offen legen.«[22] Die Beschreibungen der pflegenden Männer pendeln so zwischen inkompetent Pflegenden einerseits oder den fähiger Pflegenden andererseits, die im Vergleich zu Frauen effizienter pflegten und weniger belastet seien[23]. Vielfach rührt dies auch daher, dass männliche Pflege »am weiblichen Ellenmaß« gemessen wird, mit der Folge, »dass Männer entweder als deviante Pflegende betrachtet werden, wenn sie nach Art und Umfang andere Pflege leisten als Frauen, oder aber als deviante Männer, wenn sie genauso pflegen wie Frauen.«[24]

So ist Manfred Langehennig zuzustimmen, wenn er die derzeitige Forschungslage kritisch bewertet: »Geht es um die subjektive Wirklichkeitssicht der Männer, um ihr Erleben und um die Ausgestaltung ihrer Pflegerolle, muten dazu gemachte Aussagen hoch spekulativ an.«[25] Quantitative Erhebungen können die Lebenswirklichkeit nur unzureichend erfassen, Männer – so das verbreitete Selbstbild – sind ihres Glückes Schmied, reden über ihre Probleme nur selten mit anderen Männern (denen es doch scheinbar gut geht), und denken deswegen, es sollte auch ihnen gut gehen. So bedarf es einer längeren Zuwendung, bis sich aus dem anfänglich pauschalen »Mir geht es gut!« ein differenzierteres Bild von Freud und Leid herausschält. Denn »pflegende Männer sind keine schlichten Datenträger, die quasi ›auf Abruf‹ Informationen über ihr subjektives Erleben liefern.«[26] »Die Eigensinnigkeit der Sichtweisen pflegender Männer und deren Handlungsorientierung in ihrer lebensweltlichen Situation erfordern qualitativ-rekonstruktive Untersuchungsmethoden.«[27]

Die vorliegende Untersuchung basiert auf den Ergebnissen von 25 intensiven Interviews mit pflegenden Männern, die ihre Ehefrauen (14 Fälle), ihre Mutter (5), ihren Vater (2), ihren Schwiegervater (1), ihre Tante (2) oder ihre Großmutter (1) versorgen. Männer zwischen 27 und 88 Jahren, aus unterschiedlichen sozialen Schichten, zum Teil mit

Migrationserfahrung, die mir überwiegend durch Fachkräfte in der Altenhilfe vermittelt wurden. Verantwortlich sorgende Männer in einem breiten Spektrum zwischen intensiver persönlicher Pflege rund um die Uhr und fürsorglichem Care-Management; von der Hauptpflegeperson gemäß der engeren Definition des Sozialgesetzbuches bis zum hauptverantwortlich Betreuenden in einem weiteren Verständnis von Sorgearbeit, das »über rein pflegerische Verrichtungen hinaus Lebensbewältigung und Alltagsbesorgung in jeder gesundheitlichen und sozialen Hinsicht und die Bewirtschaftung der dafür nötigen Kräfte, Mittel und Möglichkeiten« umfasst[28].

Die ausführlichen, teilweise bis zu zwei Stunden dauernden Interviews, die meist bei den Gesprächspartnern zu Hause stattfanden, waren biografisch-narrativ und problemzentriert nach Andreas Witzel angelegt. Das problemzentrierte Interview zielt »auf eine möglichst unvoreingenommene Erfassung individueller Handlungen sowie subjektiver Wahrnehmungen und Verarbeitungsweisen gesellschaftlicher Realität«[29]. Der Befragte gilt als Experte seiner Wirklichkeit und wird ermuntert, möglichst frei über die Geschichte und den Alltag seiner Pflege zu erzählen und dabei biografisch weit auszuholen. Die Gespräche wurden aufgenommen, transkribiert, kategorisiert und in Expertengesprächen und Gruppendiskussionen in einem Methodenmix, angelehnt an die Methodologie der Grounded Theory (Glaser/Strauss), ausgewertet. Die Grounded Theory ist ein sozialwissenschaftlicher Ansatz, der empirische Forschung und Theoriebildung eng verschränkt, um eine realitätsnahe und praxisrelevante Theorie zu entwickeln[30]. Diese Studie gibt keine Antwort auf die Frage, wie Männer im Unterschied zu Frauen pflegen, sondern interessiert sich für die »Eigensinnigkeit der Sichtweisen pflegender Männer« (Langehennig). Sie will der subjektiven Perspektive der Männer Raum geben und sichtbar machen, wie sie ihre Pflege erleben, wie sie davon sprechen, wie sie die Herausforderungen bewältigen und wie sie als Pflegende mit ihrer Rolle als Mann zurechtkommen. Einige Auszüge aus den Interviews werden im Folgenden wiederholt wiedergegeben; dies ist dann der Fall, wenn sie verschiedene Aspekte der Pflegetätigkeit beleuchten.

Wege in die Pflege

Die Pflege ihrer Angehörigen ist, insbesondere für die pflegenden Ehemänner, eine fraglose Selbstverständlichkeit. Die Frage nach ihren Motiven scheint ein Relikt aus einer weiblich geprägten Pflegekultur, wo ein pflegender Mann als Normabweichung noch immer erklärungsbedürftig scheint. Für die pflegenden Ehemänner ist die Pflege ihrer Ehefrau ein selbstverständlicher Teil ihres gemeinsamen Lebens, das auch in früheren Zeiten ja nicht nur aus Hoch-Zeiten, sondern ebenso aus Belastungen und Krisen bestand. Die Krankheit schleicht sich, oft unbemerkt und allmählich, in die Partnerschaft oder Familienbeziehung ein, sodass es, insbesondere bei Demenz, keine klare Schwelle gibt, die eine bewusste Entscheidung nahelegen oder ermöglichen würde. Nicht immer, aber häufig kommt eine große Dankbarkeit der Männer gegenüber den pflegebedürftigen Angehörigen zum Ausdruck:

»Ich mach eigentlich nichts Außergewöhnliches. Ich guck, dass ich die Aufgabe, die mir im Leben gestellt wurde, zurzeit so gut wie möglich löse und erledige«, kommentiert der 81-jährige Jochen J. die intensive Pflege seiner Frau.

»*Irgendwann hab ich mal in der Kirche auch ja gesagt, als es hieß, ihr bleibt zusammen in guten wie in schlechten Zeiten. Und ich hab mir gesagt, jetzt sind halt gerade in der Beziehung schlechte Zeiten.*« Damit tröstet sich Bruno B. über die Mühen mit seiner schwer dementen Ehefrau hinweg.

»*Das sind jetzt schon 64 Jahre, wo ich mit ihr lebe, und wie soll ich sagen, wir hatten ein schweres Leben … ich kann sie nicht ins Heim tun.*« So pflegt der 83-jährige russlanddeutsche Franz F. nach einem Leben mit Armut, Vertreibung und Not seine schwer pflegebedürftige Ehefrau auch über seine Kräfte hinaus weiter.

Der Kaufmann Kurt K. denkt nicht nur an sein Geschäft, wenn er bilanziert: »*Wir sind dieses Jahr 50 Jahre verheiratet und sie hat mit mir zusammen das Geschäft aufgebaut. Wir haben zusammen die Kinder gehabt und sie war immer für mich da und jetzt bin ich für sie da. Das ist der Hintergrund. Und das wird wohl auch so bleiben, solange ich das machen kann. Weil ich einfach der Meinung bin, wir gehören zusammen, und da ist jeder für den anderen einfach verantwortlich.*«

Für Ludwig L. ist es »*Dankbarkeit für die Aufgabe … ich möchte meinem Partner das zurückgeben, was sie mir früher gegeben hat*«, was ihn in der Sorge um seine demente Frau stützt.

Auch für die pflegenden Söhne oder die Männer, die andere Verwandte pflegen, hat es sich meist einfach ergeben, dass sie die Betreuungs- oder Pflegerolle übernommen haben, weil sie der äußerlich und innerlich Nächste waren:

Für Helmut H. war die Übernahme der Betreuung seiner Mutter nie eine Frage: »*Ich bin das einzige Kind meiner Mutter, sodass es klar ist, dass es auf mich zugeht, zukommt. Für mich auch kein Problem, weil ich zu meiner Mutter von unten rauf, von ganz unten rauf ein gutes Verhältnis hab, ohne jede Belastung. Sie hat in jeder Situation meines Lebens zu mir gestanden, meine Mutter, in jeder Situation.*«

»*Sie hat quasi so mich mit ihrer Liebe überschüttet und sie sagt auch immer noch, ich bin fast wie ein Sohn zu ihr ... Sie hat, wenn ich dann da war, immer auch ihre Zeit total geopfert, das war so im Grunde wirklich ihre ganz mir zugewandte Zeit und ich denke, daraus entsteht auch diese besondere Beziehung, die ich zu ihr hab.*« Aus dieser herzlichen Kindheitsbeziehung begründet Manfred M. die heutige Betreuung seiner 83-jährigen Tante.

»*Und dann habe ich mich auch irgendwie in der Pflicht gesehen, sie pflegen zu müssen, weil sie mich auch aufgenommen hat, wo ich mit 16 daheim rausgeflogen bin ... Ich habe immer zu ihr kommen können. Ja, und dann habe ich halt gedacht, ich muss das wieder ein bisschen wettmachen.*« So begründet der 26-jährige Qirin Q. die Betreuung seiner Großmutter.

Für Walter W. ist die Betreuung seines 90-jährigen Schwiegervaters eine Art Mitgift. »*Er hat uns unterstützt, wo wir es gebraucht haben, und wir haben bei ihm immer mitgeholfen und von daher ist alles langsam zusammengewachsen. Ja letztendlich hat man ihn halt mitgeheiratet und so, nach 30 Jahren hat man das festgestellt.*«

Manchem Mann kommt bei der Pflegeübernahme zugute, dass er auch schon früher mit Krankheit und Leiden in Berührung kam, und damit besser ermessen kann, was an Belastungen auf ihn zukommt:

> Bruno B. kommt das väterliche Vorbild zugute: »*Mein Vater war Arzt und man hat von der Seite her dann schon frühzeitig mitgekriegt, Schicksale von Menschen und wenn jemand krank wird und wie das eventuell in einer Familie dann zu Konflikten führen kann. Also, ein bisschen vorbereitet innerlich war ich, nachdem ich erfahren habe vom Arzt, vom Neurologen, was da läuft, da konnte ich mir vorstellen, dass das halt kein Vergnügen sein wird in den folgenden Jahren.*«

> In seiner überaus harten Jugend hat Franz F. bereits alles nötige Rüstzeug für die Pflege seiner schwer kranken Frau erworben. »*Und pflegen tu ich meine Frau aus Kinderlernen. Was ich gelernt habe in meiner Kindheit, ... das war wie, als würde das speziell von Gott aus so sein ... Bei den elf Familien, wo ich gearbeitet habe, immer mit den Kindern war ich beschäftigt ... Nu hab ich immer alles selbst gemacht. Ich hab selber gewaschen, hab selbst gekocht ... Wie schaff ich's? ... Wahrscheinst, weil ich ohne Eltern groß geworden und so viel Unrechtes gesehen habe ...*«

> Kurt K. sieht sich durch sein Berufsleben in einer Frauenwelt für seine Betreuungsaufgabe vorbereitet: »*Ich hab schon immer mit vielen Frauen zusammen geschafft. Da brauchen sie gute Nerven. Entschuldigung, wenn ich das so sag, aber es stimmt. Mit Frauen zusammen schaffen ist sehr schwer. Vor allem Frauen untereinander. ... Und das hab ich ja fast 50 Jahre gemacht.*«

Dass Männer Pflege nur aus Liebe übernehmen, während Frauen dies als eine Pflichtaufgabe sehen, wie dies andere

Studien nahelegen[31], konnte nicht bestätigt werden. Dass man diesbezügliche verbale Äußerungen von Männern und Frauen immer kritisch reflektieren sollte, darauf hat Sarah H. Matthews hingewiesen: Romantische Liebe sei im 19. Jahrhundert feminisiert worden, was dazu führe, dass männliche Ausdrucksweisen nicht anerkannt beziehungsweise erkannt würden, weil männliches Verhalten mit weiblichen Regeln gemessen würde. Ein Mann, der in einer Untersuchung dazu aufgefordert wurde, mehr Zuneigung zu zeigen, wusch vermehrt ihr Auto, was weder von der Frau noch von den Forschern als Zuneigung gedeutet wurde. Männer würden Zuneigung nicht mit Gefühlen ausdrücken, sondern durch Übernahme von Verantwortung, gegenseitigen Respekt und freiwillige Zusatzdienste[32].

Die Geschichte von Andreas A. ist zwar kein typischer Fall, steht aber auch für andere Pflegebeziehungen, die eher von Pflichterfüllung denn von Liebe geprägt scheinen.

Andreas A.

»Manchmal staune ich selber über mich.«

»Mensch Maier, er hat's mir im Leben nie leicht gemacht. Bist du eigentlich verrückt, dass du das machst?«, fragt sich Andreas A., der seinen dementen Vater bis zu dessen Tod gepflegt hat und den man dem Typus des »überforderten Einzelkämpfers« zuordnen könnte. Aber wie es so oft geschieht, ist der freundliche, sympathische 45-Jährige nach dem Tod seiner Mutter ganz allmählich in die Betreuung und Pflege des Vaters reingerutscht. Über sieben Jahre waren es regelmäßige Hausbesuche beim Vater, bis es irgendwann eine zeitökonomische Abwägung wurde, den 75-Jährigen zu sich zu holen.

Die berufliche Selbstständigkeit war für den überwiegend zu Hause arbeitenden Voraussetzung für sein Pflegeengagement: »*Sie müssen sich vorstellen, ich habe mit einem Kunden telefoniert, hab irgendein Problem von ihm gehabt, das konnte ich ja dann lösen und der Kunde sieht ja nicht, dass ich fünf Minuten später Windeln wechsle.*«

Allerdings blieb diese Familienerweiterung nicht ohne Belastungen für seine Partnerschaft. »*Er konnte zu ihr* [der Partnerin] *sagen »Du blöde Tante«. Solche Sprüche kamen da und das war für mich schon echt übel, das zu erleben, aber ich konnte ihn trotzdem nicht ins Heim stecken.*« Denn wenn auch der Vater kein »*Respektpolster*« bei seinem Sohn hatte, gab es für den keine wirkliche Alternative. »*Es ist so, wenn ich sehe, wie die Menschen dahinleben in so einem Heim, und wenn das Heim noch so gut geführt ist, habe ich so den Eindruck, das will ich für mich mal nicht. Und da kann ich es schlecht meinem Vater auch antun, nicht?*«

Seine tägliche ruhige Stunde verschafft er sich durch ein konsequentes Orientierungstraining mit dem Vater: »*... dann habe ich den losgeschickt. Also, ich bin mit ihm am Anfang die Strecke runter ins Dorf gelaufen, drei vier Mal, hat immer geklappt, er hat sich nie verlaufen, obwohl er dement war. Aber ich habe ihm einfach diesen Weg durch das mehrmalige Mitgehen so eingetrichtert, dass es ging.*« Zur weiteren Entlastung werden gelegentliche Urlaubspflege und vormittägliche Tagespflege in Anspruch genommen. Doch dann erfordert der geistige und körperliche Abbau des Vaters immer mehr Zeit und Zuwendung, bis er schließlich bettlägerig wird. »*Das heißt, ich hab mir einen Wecker gestellt und bin nach zwölf alle drei Stunden aufgestanden und* *hab ihn von links nach rechts gedreht.«* Diese außerge-wöhnliche Belastung nimmt Andreas A. jedoch, wie etwa auch den Umgang mit Inkontinenz, eher sportlich: *»Ich war überrascht, dass ich das eigentlich recht locker konnte, nachts aufstehen, das machen, also ich hab das immer als eine Art Meditation betrachtet.«*

Diese und andere Schwerstpflegebelastungen schultert Herr A. weitgehend als Einzelkämpfer. Auf die Frage, warum er keinen Pflegedienst geholt habe, meint er nicht ohne einen gewissen Stolz: *»Weiß ich nicht, ich lass zum Beispiel auch keinen Handwerker an mein Haus, weil nachher habe ich mehr Ärger wie vorher. Nehmen wir mal das Beispiel mit der Versorgung der Wunde. Mein Gott, die kamen zehn Minuten. Was hat das jetzt an meiner Pflegerei große Erleichterung gebracht? Und wenn die eine halbe Stunde da gewesen wären … Sagen wir mal so beim Baden, das wäre schon manchmal gut gewesen, wenn jemand geholfen hätte, aber da oben in dem engen Bad zwei Personen einen in die Wanne hieven, ja, mein Gott, da mache ich es lieber allein.«*

Er ist im Übrigen überhaupt nicht gut zu sprechen auf Ärzte, Kliniken, Kirche, staatliche Unterstützung und vor allem den Medizinischen Dienst der Pflegekassen und fühlt sich von diesen alleingelassen. *»Am Schluss war er ja ein Baby und dieser Medizinische Dienst hat ihn dann in die Stufe 1 eingestuft … Und ja, es ist so verrückt, er hat dann, nachdem ich also Einspruch erhoben habe, dass 2 nicht stimmen kann, hatte er dann, nachdem er tot war, 3 bekommen. Das ist so … also da gibt es schlimme Ausdrücke, die ich lieber nicht sage.«* Nachvollziehbar ist sein empörtes Resümee: *»Wenn ich dann überlege, dass man mit 'nem Appel und 'nem Ei als Pflegender abgespeist wird!«*

31

Bis an seine Grenzen oder gar darüber hinaus ging Andreas A., doch erst als sein Vater gestorben war, »*da habe ich dann gemerkt, was ich eigentlich so mit mir getragen hab. Also, es ist schon schlimm, wenn der Vater stirbt, es trifft einen auch ganz arg, auch wenn es einer ist, den man jetzt nicht gerade geliebt hat. Aber ich muss sagen, ich hatte den Eindruck, ich hätte einen Rucksack mit vielen Steinen abgelegt. Also, ich habe mich gefühlt, als ob ich schwebe. Es war ganz urig, obwohl mein Vater da frisch gestorben ist.*« Und er schämt sich seiner Tränen nicht, wenn er auf seine drei Pflegejahre zurückblickt: »*Das ist echt heftig. Also wenn man mitkriegt, dass ein Mensch rückwärts läuft. So wie ein Mensch als Kind das Laufen lernt, so geht es im Alter dann wirklich zurück und das Sprechen wird verlernt und man ist dann irgendwann nur noch da und will essen und gewindelt werden.*«

Und dennoch hat ihn diese schwere Zeit bereichert. »*Wenn ein Mensch so langsam geht und man begleitet ihn, das gibt einem, wie soll man sagen, ein anderes Bild fürs Leben. Für sich selber, man sieht die Welt anders, es wird einem bewusster, wie es mit den Menschen halt mal zu Ende geht. Und wenn man das halt so sieht, so geht es fast jedem Menschen, dass er irgendwann mal relativ allein ist, und wenn man sich das so verinnerlicht, dann wird einem bewusst, wie schön es ist, gesund zu sein und zu leben und das Leben zu genießen.*« Und so kommt Andreas A. trotz allem zu dem versöhnlichen Fazit: »*Es gab schon Momente, da hatten wir Spaß miteinander. Wir konnten dann lachen und schäkern und so, und ja, da hatte man schon das Gefühl gehabt, man vergibt ihm.*«

Fünf Grundtypen häuslicher Pflege

Jede Pflegegeschichte ist einzigartig und eigentlich unvergleichbar. Dennoch erlaubt die vergleichende Betrachtung der 25 Interviews eine grobe Kategorisierung, die anhand von drei Dimensionen zu fünf Grundtypen häuslicher Pflege führt. Abhängig vom Krankheitsverlauf und von der jeweiligen Unterstützung durch Dritte nehmen die Herausforderungen und Belastungen der Betreuung und Pflege zu und führen zu ganz unterschiedlichen »Karrieren« der pflegenden Männer.

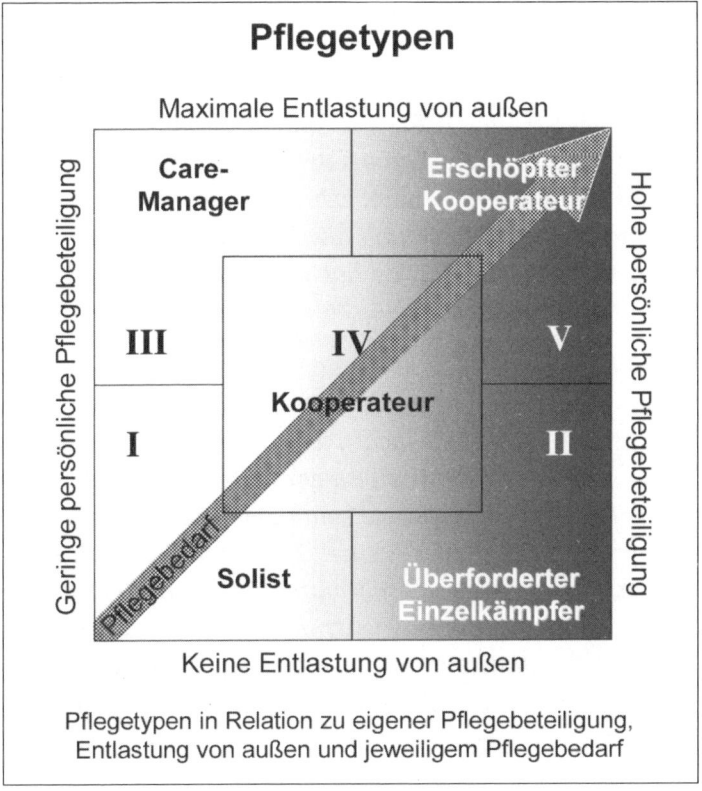

Pflegetypen

Maximale Entlastung von außen

Geringe persönliche Pflegebeteiligung

Hohe persönliche Pflegebeteiligung

Care-Manager

Erschöpfter Kooperateur

III

IV

V

Kooperateur

I

II

Pflegebedarf

Solist

Überforderter Einzelkämpfer

Keine Entlastung von außen

Pflegetypen in Relation zu eigener Pflegebeteiligung, Entlastung von außen und jeweiligem Pflegebedarf

Typ I: Der Solist

Zwei der interviewten Männer lassen sich diesem Typus zuordnen, in dem allerdings auch viele der anderen Pflegeverhältnisse ursprünglich ihren Ausgangspunkt hatten. Obschon die beiden 64- und 71-jährigen Männer die Pflege ihrer Ehefrauen alleine und ohne nennenswerte Unterstützung durch andere schon über sechs beziehungsweise sieben Jahre bewältigen, wirkt die Pflegebeziehung gut und der Pflegende kann sich abgrenzen und auf ausreichende Selbstsorge achten. Auf die Zuziehung eines Pflegedienstes oder anderer Dienste wird vor allem mit der Begründung verzichtet, dass dies keine wirkliche Unterstützung bedeuten würde.

Für den Kaufmann Kurt K. stimmt die Kosten-Nutzen-Relation nicht: »*Da hab ich den Pflegedienst gehabt, die sind morgens gekommen, zehn Minuten, viertel Stunde, ja und haben geguckt, ob alles richtig ist, und gemacht haben sie nichts ... Das hat so viel Geld gekostet, das kann ich mir sparen.*«

»*Mein Gott, soll ich jemanden holen, der sie wie auch immer hier betreut, und ich marschiere allein durch die Gegend – bringt mir nicht viel. Ich wüsste nicht, ob ich mir persönlich damit viel mehr Gutes tun würde. Und das Problem ist, wenn sie jemanden als Betreuung reinholen, der überhaupt keinerlei Kommunikation mit ihr pflegen kann, was soll so jemand tun, dasitzen und warten, bis der Herr auch wieder da ist und schaut, dass sie keine Dummheiten macht?*« So Bruno B., der seine schwer demente Ehefrau zu vielen Aktivitäten mitnimmt.

Bruno B.

>»Wenn sie keine Orientierung mehr hat,
dann muss ich schauen, wo ich sie unterbringen kann.«

Nachdem bei seiner 57-jährigen Ehefrau eine frontotemporale Demenz diagnostiziert worden war, hatte
Bruno B. einen »Knackpunkt« definiert. Er sagte seinen
Freunden: »*Wenn sie keine Orientierung mehr hat, also
wenn ich sie nicht mehr allein aus der Wohnung heraus-
lassen kann, dann muss ich mich umtun nach professio-
neller Pflege, dann muss ich schauen, wo ich sie irgendwo in einem Pflegeheim unterbringen kann.*« Doch bis
es soweit kam, vergingen noch acht Jahre, in denen
Frau B. immer mehr den Kontakt zur Außenwelt verlor
und wo nun seit über zwei Jahren keinerlei sprachliche
Kommunikation mehr mit ihr möglich ist.

Bruno B., ein ehemaliger Abteilungsleiter, empfängt
mich herzlich. Man merkt ihm an, dass er mit der Erkrankung seiner Frau offen umgeht und sich auch nicht
scheut, mit ihr in die Öffentlichkeit zu gehen. Er wirkt
jünger als ein 70-Jähriger, ist gepflegt, sportlich und
geistig rege. Er spricht eher nüchtern, zwischen sachlich bis heiter, nur einmal, da kämpft er mit den Tränen.
Seine Frau, sechs Jahre jünger als er, ist während des
Gesprächs im Raum. Außer »Hallo« kann sie nichts
mehr sagen und offenbar auch nicht verstehen. Trotzdem lacht sie einem beim Kommen und Gehen und gelegentlich auch zwischendurch freundlich an. Anfangs
streift sie etwas unruhig durch die Wohnung, sitzt dann
aber die meiste Zeit unbeteiligt in ihrem Sessel, in dem
sie zeitweise wegdöst.

Es fing an wie die meisten Geschichten dieser Art:
Die ersten Auffälligkeiten, die noch nicht als Krankheit,

sondern als ärgerliches Verhalten missbilligt wurden; dann der Gang zum Hausarzt und Neurologen, Untersuchungen, Tests, schließlich die gefürchtete Diagnose »Demenz«. Und dann war für Bruno B. klar, dass er zu seinem Eheversprechen stehen würde: »*Irgendwann hab ich mal in der Kirche auch ja gesagt, als es hieß, ihr bleibt zusammen in guten wie in schlechten Zeiten. Und ich hab mir gesagt, jetzt sind halt gerade in der Beziehung schlechte Zeiten.*« Denn, so begründet er weiter, »*ich konnte mir nicht vorstellen, dass ich jemanden nur deshalb in ein Heim gebe, damit ich dann ein Leben so führen kann, wie ich es jetzt grad jeden Tag und jede Stunde führen will.*«

Herr B. wollte sein Leben durch die Demenz aber nicht mehr als nötig einschränken. So hielt er an seinen täglichen Spaziergängen fest, unter anderem auch, um den hohen Bewegungsdrang seiner Frau zu befriedigen. Eine Mutprobe waren die Fahrten mit der Straßenbahn auf den Wochenmarkt. »*Das war am Anfang für mich bedrückend, es ist mir immer so ein bisschen vorgekommen, als ziehen wir beide die Blicke im Wagen auf uns oder irgendwo auf dem Markt oder sonst wo. Ich bin inzwischen auf dem Standpunkt, ja, sie ist krank, und wenn es den anderen Leuten nicht passt, dann müssen sie weggucken oder weghören, wenn sie in der Straßenbahn sitzt und ›Hallo, hallo‹ sagt.*« Entgegen seiner anfänglichen Befürchtung erfährt Bruno B. viel Verständnis und auch Anerkennung dafür, dass er seine Frau weiter am öffentlichen Leben teilhaben lässt. »*Und ich wurde schon mehrfach von meistens älteren Damen angesprochen, die gesagt haben: Oh, ich wünsch ihnen auch viel Glück oder ich wünsch ihnen viel Stärke und so; ja, man merkt dann schon, die Leute merken logi-*

scherweise sofort, dass mit ihr etwas nicht in Ordnung ist.«

Bruno B. nimmt seine Frau zu Wanderungen mit dem Freundeskreis mit; beim monatlichen Stammtisch, *»ist sie akzeptiert, alle kennen sie, alle wissen, wie es um sie steht, und da sitzt sie mit am Tisch, obwohl sie nichts sagen und nichts verstehen kann. Aber wir sprechen alle miteinander ganz normal und zwischendurch fragt man sie, »Wie geht's?«, und dann kommt ein ›Hallo, hallo‹ oder so. Und sie ist dann zufrieden dabei und hat ein paar Leute um sich rum.«* Während seines Jahresurlaubs wird sie in der Kurzzeitpflege betreut; wenn Bruno B. zu seinem wöchentlichen Sportabend geht, dann lässt er sie für einige Stunden alleine und schließt – was ihm keine Skrupel zu bereiten scheint – die Wohnungstüre zu.

Bruno B., der Typ »Solist«, pflegt seine Frau ohne Unterstützung von außen, weil er keine wirkliche Entlastungsmöglichkeiten sieht. Seine Frau braucht Unterstützung bei der Körperpflege, sie ist inkontinent und trägt Einlagen. *»Da braucht es am Anfang Selbstüberwindung, aber inzwischen habe ich mir gesagt, sie ist ein kranker Mensch, sie ist ein kleines Kind und ein kleines Kind macht in die Windel.«* Herr B. spricht von all diesen Dingen mit großer Ruhe und Sachlichkeit, *»ich muss das nüchtern betrachten, um mich zu schützen, aber auch um sie zu schützen«.* Deswegen habe er seine *»Emotionen dann eben schon ein bisschen auf die Seite geschoben ... Das Ganze in eine Leidensgeschichte umzuwandeln finde ich albern. Ich sehe es nicht als Leidensgeschichte. Ich meine, es wäre sicherlich schöner, wenn es nicht so wäre, logischerweise, aber es ist nun mal so. Und mit der Situation habe ich mich schon lange beschäftigt und abgefunden. Ich gehe offensiv damit* *um, Leuten, die ich nicht so gut kenne, schildere ich einfach, wie es ist.«*

Aber dann gibt es auch die andere Seite, die fehlende Resonanz seiner Partnerin. *»Belastet hat mich und es belastet mich immer wieder, dass ich überhaupt nicht mit ihr in Kontakt treten kann über Worte und dass sie, egal, was ich sage, das einfach nicht versteht. Das ist nach wie vor belastend ... Wenn man halt so lange verheiratet war wie wir, über 30 Jahre, dann hat man da schon ein bisschen viel Gemeinsamkeiten.«* Und so tröstet er sich mit dem, was noch möglich ist. *»Es ist zwar keine Ansprache, aber sie sitzt mit mir am Tisch und wir essen gemeinsam, und selbst wenn sie nur Hallo sagt. Aber irgendwo hat man dann einen Blickkontakt und jemand, der da ist, und man kann schwätzen und ich kann ihr erzählen, was ich jetzt noch mache.«*

Der *»Knackpunkt«*, den Bruno B. sich gesetzt hat, scheint noch nicht erreicht. *»Wo ich sage, bevor ich meine Nerven zu sehr aufreibe, muss ich eine Änderung herbeiführen, denn ihr ist nicht gedient, wenn ich nachher am Flattern bin, nicht mehr richtig klarkomme und mit mir erst recht nicht.«* Noch ist er nicht an dem Punkt, wo er sagt, jetzt geht es nicht mehr, jetzt muss ich einen anderen Ort für sie finden, weil ich sonst selbst nicht mehr klarkomme. Trotzdem lässt genau dieser Angelpunkt ihn die Pflege so gut durchhalten. Er weiß, dass seine Freunde wissen und akzeptieren, dass die Pflege zu Hause eines Tages keinen Sinn mehr machen wird und er dann einen anderen Ort für sie finden muss. *»Aber solange sie noch einigermaßen klarkommt, mit dem Laufen und mit der Orientierung draußen, solange bleiben wir zusammen, solange ist sie meine Frau nach wie vor, sie ist weiterhin mein Frau.«*

Typ II: Der überforderte Einzelkämpfer

Mit einem zunächst überschaubaren persönlichen Engagement und geringem Unterstützungsbedarf durch andere informelle und professionelle Helfer beginnen die meisten Pflegeverhältnisse. Mit zunehmender Pflegebedürftigkeit wächst die Gefahr, allmählich und unbemerkt in eine schwere Pflege zu rutschen, seine Kräfte und Kondition zu überschätzen. Eine Unterstützung von außen zu holen kann mit der Zeit immer schwerer fallen. So werden diese Pflegeverhältnisse, ohne eine nennenswerte Unterstützung von außen, immer problematischer. Die Überforderung nimmt zu, die Wahrnehmung eigener Bedürfnisse ist kaum noch möglich, Pflegender und Gepflegter sind immer mehr aufeinander fixiert, die Beziehung droht sich zu einem potenziell gewaltgeneigten und anomischen Pflegedual zu verstricken.

Insgesamt sind fünf Männer diesem Typus zuordenbar. Drei davon, 65, 70 und 83 Jahre alt, zwei davon Migranten, pflegen ihre Ehefrauen, die allesamt einen hohen Pflegebedarf haben, schon über acht Jahre. Die beiden Jüngeren, 27 und 48 Jahre alt, pflegen die Großmutter und den Vater. Obwohl bei allen dringender Unterstützungsbedarf durch professionelle Pflegekräfte vorliegt, kommt vor allem bei den Ehemännern neben der Skepsis gegenüber Pflegediensten ein weiteres Argument gegen eine Zuziehung externer Hilfe hinzu: die emotionalen Bedürfnisse der Frau.

Der Bauarbeiter Cedomir C. will seiner Frau ihre Angewiesenheit nicht noch mehr vor Augen führen: »*Wenn jemand anders kommt zum Pflegen als ich, dann meine Frau sehr traurig ist, sehr ärgerlich ist, weil [sie dann denkt,] ich bin so schwach, ich kann nicht meinem*

Mann helfen und mein Mann muss sich andere suchen zum Helfen.«

»Es war ihr Bestreben und ihr Lebensinhalt, eine gute Ehefrau und eine Mutter zu sein ... und jetzt ist sie dann halt in die Rolle reingerutscht, wo sie nicht mehr umsorgen konnte, sondern umsorgt werden musste. Und da habe ich den Eindruck bei meiner Frau gehabt, dass ihr das seelisch sehr zugesetzt hat. Also, sie wollte eigentlich nie in der Situation sein, dass sie auf fremde Hilfe angewiesen ist, dass andere quasi nur noch für sie da sein müssen.« So begründet Dieter D., dass er seine krebskranke Frau so lange und bis zur völligen Erschöpfung alleine versorgte.

Diese Befunde entsprechen den Ergebnissen einiger angelsächsischer Untersuchungen, die Luitgard Franke referiert: »Charakteristisch für pflegende Ehegatten scheint zu sein, dass sie besonderen Wert darauf legen und stolz darauf sind, die Bedürfnisse des Partners gut zu kennen und ihnen gerecht zu werden, und dass ihnen der Schutz der Persönlichkeit und Würde des Partners besonders am Herzen liegt.«[33]

In einem Expertengespräch mit der Leiterin eines ambulanten Pflegedienstes, die viel mit pflegenden Männern zu tun hat, betrachtet diese die andere Seite dieser Fürsorge und sieht darin ein typisches Verhalten gepflegter Ehefrauen:

»Frauen als Pflegebedürftige machen oft ihre Spielchen mit den Pflegenden. Sie selbst ist noch fit im Kopf, sie hätte gerne, möchte am Leben teilnehmen. Der tut auch alles dafür und jetzt benutzt sie den als ihren verlängerten Arm ... Der Mann wird energetisch total ausgeschlachtet.«

Bei den beiden jüngeren Pflegenden in diesem Sektor kommt noch eine Art sportlicher Ehrgeiz hinzu, dass sie ihre Pflegesituation alleine gestalten:

Der 48-jährige Andreas A., der seinen Vater zu sich nahm, sagt: *»Ich war überrascht, dass ich das eigentlich recht locker konnte, nachts aufstehen, das machen, also ich hab das immer als eine Art Meditation betrachtet.«*

Auch bei dem 27-jährigen Quirin Q., der seine Großmutter über drei Jahre versorgte, klingt etwas Stolz durch, wenn er seinen Tag schildert: *»Morgens aufstehen, vorm Schaffen Oma das Frühstück richten, schaffen gehen, gucken, ob es ihr gut geht, schaffen gehen, heimkommen ... Abends die ganze Sauerei [beseitigen], die meine Oma im Laufe des Tages gemacht hat.«*

Und wenn sich auch die anderen Pflegeverhältnisse nicht so extrem zuspitzen wie das von Quirin Q., der seine Pflegetätigkeiten immer mehr reduziert, sich abschottet, er *»habe unter einem Baum geschlafen oder hinter dem Gebäude auf der Wiese«*, geraten auch die anderen Pflegenden allmählich immer mehr in Grenzsituationen.

Dieter D. war so von der Pflege absorbiert, dass er überhaupt nicht mehr an eine Unterstützung denken konnte. *»Da sind Sie so eingespannt, da kommt Ihnen das Bedürfnis eigentlich gar nicht so hoch, da sind Sie immer am Machen.«* Und so ist er auch drei Monate nach dem Tod seiner Frau völlig am Boden: *»Ich wundere mich eigentlich heute, dass ich das überhaupt durchgehalten habe, und ich muss auch sagen, dass es mir heute schlechter geht als zu der Zeit, wo ich rund um die Uhr im Einsatz war.«*

Für den 83-jährigen Franz F. verbleibt als einzige Perspektive der Tod: »*Ich brauch mich hier nicht mehr lange quälen. Sowieso, entweder stirbt meine Frau oder sterbe ich.*«

Diese Einzelkämpfer widersprechen dem unter anderem auch im 4. Bericht zur Lage der Älteren Generation zitierten Befund von Petra Lambrecht und Maren Bracker[34], wonach Männer im Vergleich zu Frauen leichter und schneller Hilfe von außen annehmen[35]. Sie entsprechen eher den Ergebnissen anderer Untersuchungen, die Zulehner referiert[36], wonach Männer aufgrund ihrer kleineren sozialen Netzwerke weniger informelle Unterstützung erfahren[37] oder dass Männer fremde Hilfe als unehrenhaft empfinden[38].

Cedomir C.

>*Ich gerne kann helfen für jeden, gerne!*«

Herr C., frühberenteter Bau-Facharbeiter, gebürtig aus Mazedonien, versorgt und pflegt seine Frau seit sechs Jahren. Sie leidet unter Magen- und Speiseröhrenkrebs mit Metastasen und hat viele Operationen und Chemotherapien hinter sich, hinzu kommt noch ein Diabetes, der viermal täglich Insulinspritzen erfordert. Für den 66-jährigen Muslim ist die Pflege eine Selbstverständlichkeit, »*weil ich mir nicht gekauft diese Krankheit, denn sie ist gekommen von liebe Gott*«. Er versorgt seine zwei Jahre jüngere Frau überwiegend alleine, was auch die Körper- und Intimpflege einschließt. Auf seine Haushaltsführung ist er besonders stolz: »*Viele Leute kommen bei uns zum Lernen, wegen Hygiene. Hygienische Sachen ... ist dreiviertel von zum Leben.*« Und auch beim Kochen mangelt es ihm nicht an Selbstbewusstsein: »*Ich koche besser wie drei Damen. Aber ehrlich gesagt, ich bin sehr guter Koch.*« Über die lange Krankheitszeit und die vielen Klinikaufenthalte seiner Frau hat sich Herr C. viel medizinisches Wissen angeeignet und scheint sich auch trotz seiner eingeschränkten deutschen Sprachkenntnisse gegenüber den behandelnden Ärzten gut zu behaupten. Und obwohl seine finanziellen Spielräume eingeschränkt sind, leistet er sich eine Rechtsschutzversicherung, die ihm notfalls seine Rechte durchsetzen hilft. *»Manchmal kriegt man nix ohne Anwalt. Den bezahle ich mit meine niedrige Rente, mit meine gute Sparen, eine Rechtsschutzversicherung bezahlen.«*

Auf die Unterstützung eines Pflegedienstes verzichtet der »überlastete Einzelkämpfer«, weil das seine Frau belasten würde. *»Wenn jemand anders kommt zum Pflegen als ich, dann meine Frau sehr traurig ist, sehr ärgerlich ist, weil [sie dann denkt,] ich bin so schwach, ich kann nicht meinem Mann helfen und mein Mann muss sich andere suchen zum Helfen. Solange meine Beine, mein Hirn gehen zum Pflegen meiner Frau, ich hole niemand.«* Dafür steht ihm ein großes Netzwerk an Landsleuten zur Verfügung, auf das er bei Bedarf zurückgreifen kann und das ihm und seiner Frau auch die soziale Einbindung absichert. *»Wir bleiben keine Nacht alleine, bis um zehn Uhr immer kommt Besuch oder wir gehen zum Besuchen ... Sieben, acht Familien, zehn Familien, net so weit ... Ich war einmal eine Woche im Krankenhaus zum Herzkontrolle machen ... Und die Nachbarin hat geschlafen bei meiner Frau ... So viel gute Nachbarn ich habe, Gott sei Dank!«* Nicht so recht glauben will man dem kleinen, kräftigen Mann, wenn er auf die Frage nach den Belastungen entgegnet: *»Bis jetzt gar nichts.«* Dafür spürt man im Gespräch zu oft, wie sehr ihn dies alles belastet; immer wieder stehen ihm Tränen in den Augen. Lediglich seine finanziellen Möglichkeiten bereiten ihm Kummer: »*Wissen Sie, bei mir fehlt gar nix, außer das Finanzielle ist zu knapp.*« Diese Selbstverleugnung scheint in seiner altruistischen Lebenseinstellung begründet. »*Ich gerne kann helfen für jeden, gerne! Meine Freizeit ist zum Helfen für jeden. Für mich gibt es keinen Unterschied ... Ob das schwarz oder gelb oder weiß ... für mich ist egal ... Weil ich weiß dann bis letzte Zeit von meinem Leben in dieser Welt, ich habe jemand geholfen. Aber wenn ich keine Kraft, wenn ich weg von dieser Welt, dann ich gehe in die andere Welt, ich glaube traurig, nicht zufrieden. Weil ich vielleicht jemand hiergelassen, dass wer brauchen Hilfe, nicht geholfen.*« Und so wirkt sein Fazit dann doch überzeugend: »*Ich bin sehr zufrieden, sehr, Herr Kollege! Nur meine liebe Gott weiß und mein Herz!*«

Schließlich überrascht aus dem Munde eines Bauarbeiters die Antwort auf die Frage, was er Männern sagen würde, für die Pflege kein Männergeschäft sei, sondern nur etwas für Frauen. »*Für solche Leute ich sage, die sind nicht für diese Welt geboren ... Diese Leute sind null für mich. Herr Kollege, diese Leute sind null für mich ... Was ist dieser Mensch für mich persönlich: Ist dieser Idiot.*«

Typ III: Der Care-Manager

Die Betreuung wird frühzeitig auf mehrere Schultern verteilt, die verantwortlichen Männer betreiben ein umsichtiges Care-Management, bei dem sie sich selbst vor allem in der psychosozialen Betreuung engagieren und körperliche Pflege professionellen Diensten überlassen. Die Pflege und ihre Belastungen werden reflektiert, eigene Bedürfnisse können in einer guten emotionalen Beziehung weiterhin wahrgenommen werden.

Die sechs Männer dieses Typs sind ausnahmslos keine Ehemänner, sondern kümmern sich bis auf zwei, die ihre Tante versorgen, um ihre Mütter. Sie sind eher jünger, zwischen 45 und 65 Jahren, haben alle eine akademische Ausbildung; die Betreuungszeit liegt unter fünf Jahren und die Betreuten haben noch keinen schweren Pflegebedarf.

»Mir war völlig klar, dass ich Hilfe brauche, und zwar von Anfang an. Dass ich schauen muss, wie ich zurechtkomme. Mir war auch gleich klar, das ist kein Sprint, sondern eine Langzeitangelegenheit mit meiner Mutter.« Helmut H. gelingt es so, gut für die Mutter zu sorgen und dennoch zu wissen: *»Ich hab für mich selber noch Zeit zum Leben.«*

Theodor T. tüftelte mit seinen Neffen und Nichten einen verbindlichen Dienstplan für die Betreuung ihrer hinfälligen Tante aus, der die Betreuungszeiten gerecht und immer vier Wochen im Voraus verteilte und damit jedem für seine sonstigen Aktivitäten und Urlaube verlässliche Planungssicherheit gab. Als die alte Dame dann zunehmend gebrechlicher wurde, reicherte er ihren bisherigen *»Betreuungs- und Pflegemix«* mit Nachbarschaftshelferinnen und Pflegekräften von der Sozialstation an. So blieben die Belastungen für Herrn T. und seine Verwandten so im Rahmen, dass sie ihre alte Tante bis zu ihrem Tod mit 92 gut und ohne über ihre Kräfte zu gehen versorgen konnten.

Intimität auf Abstand, innere Nähe trotz oder vielleicht auch gerade wegen äußerer Distanz ist für drei der fünf

Männer eine wichtige Bedingung gelingender und langfristig durchhaltbarer Betreuung.

> Eugen E. betrachtet seine Art, die Mutter nicht bei sich zu Hause, sondern in ihrem eigenen Haushalt zu betreuen, als *»männliches Arrangement«*. Denn *»Frauen würde das eher so passieren, dann gerät die zu betreuende Person in aller Regel in den Haushalt der Frau«*.

> Helmut H. ist froh, dass zwischen seiner und der Wohnung seiner Mutter einige Kilometer liegen. *»Also Distanz muss schon da sein! Dass man im gleichen Haushalt lebt, das ist ungewöhnlich und würde ich für verfehlt halten, ich bin seit 30 Jahren schon daheim ausgezogen.*

Die Männer dieses Typs können sich gut abgrenzen und sich auch mit möglichen künftigen Grenzen auseinandersetzen, wenn ihr Arrangement eines Tages nicht mehr tragfähig genug sein sollte.

> *»Einfach war es nicht«*, sagt Viktor V. zur Heimunterbringung seiner dementen Mutter, *»ich hab das ja schon überlegt, aber auf der andern Seite, du lebst ja selber auch und musst deinen Job ja auch machen.«* Denn, so war ihm am Beispiel seines Bruders klar geworden, *»du gehst schon irgendwann auf dem Zahnfleisch. Das ist ein Vollzeitjob.«*

> *»Und dann haben wir im Haus noch ein paar Zimmer, ich kann versuchen einen Pflegedienst ins Haus zu holen, einen osteuropäischen.«* Helmut H. hat sich aber auch schon weitergehende Gedanken gemacht. *»Ich weiß, dass am Ende meistens ein Heimaufenthalt steht. So bitter das klingt, ich hab mich auch schon kundig gemacht, in welche Heime ich gehen würde ... Man kann*

*nie wissen, ob die Anspannung irgendwann mal so groß
wird ... dass es besser ist, bevor es dann zu einer Eska-
lation kommt ... dann doch eine Heimunterbringung zu
bevorzugen.«*

Diese Care-Manager entsprechen der Typisierung von
Lambrecht und Bracker, wonach Männer in der häuslichen Pflege eine Reihe eigener Pflegezuständigkeitsbe-
reiche, nicht aber alle übernehmen; sie Aufgaben delegie-
ren und ohne Probleme Hilfsangebote annehmen können;
sie die Grenze der Pflegezumutbarkeit und Belastung
selbst setzen und eher außerhäusliche Kontakte und eigene Interessen wahrnehmen können[39].

Eugen E.

»Ich betreue den Haushalt technisch.«

»Eugen, mit mir wird's mal schwer werden«, warnte die
heute 89-jährige Mutter ihren Sohn, der sie seit fünf
Jahren betreut. *»Weiß nicht, was sie da geahnt hat. Vielleicht hat sie schon gemerkt, dass sie stark vergisst, dass
das Kurzzeitgedächtnis wegfällt, dass sie immer unsicherer wird. Sie ist auch in der Sprache immer unsicherer
geworden, heute hat sie praktisch die Sprache fast vollständig verloren.«* Es war dann der berüchtigte Oberschenkelhalsbruch, der auch bei Eugen E. und seinen
Geschwistern die Frage aufwarf, ob die Mutter nicht ins
Heim gegeben werden müsse, was aber keiner wollte.
Die Mutter wollte nach Hause, man konnte sie nicht
mehr alleine lassen und von den Kindern stand keines
für die Pflege zur Verfügung.

So wurde eine Haushaltshilfe gesucht, deren legale
Finanzierung allerdings ihren finanziellen Rahmen ge-

sprengt hätte. »*Ich bin wirtschaftlich nicht in der Lage, das aus ausreichenden Mitteln jetzt zu machen ... Also, haben wir uns für den, ich nenn's mal, grauen Weg entschieden.*« Eine Frau aus dem Osten wurde für die Rundumpflege eingestellt, was dem 63-jährigen Lehrer gelegentlich schlaflose Nächte bereitet. »*Ich bin der Arbeitgeber von schwarz beschäftigten Leuten ... Da darf ich gar nicht darüber grübeln. Weil das in dem Fall vielleicht nicht nur ein zivilrechtliches Problem ist ... ich bin Beamter ... Ich kann's eigentlich nicht rechtfertigen, außer dass ich sag, ich steck in 'nem Dilemma. Was anderes ist mir nicht möglich. Die Alternative heißt, dann nehmt ihr die Mutter als Gemeinschaft, als Gesellschaft, dann ist es für mich viel günstiger, ja, und ich bin juristisch aus dem Schneider.*« Ergänzt wird diese Betreuung durch gelegentliche Pflegevisiten der Sozialstation.

Herr E., als das am nächsten wohnende Kind, ist der »Care-Manager«, der sich um alles kümmert. »*Ich betreue den Haushalt technisch und sagen wir mal juristisch, was da zu machen ist, und die finanziellen Abwicklungen und so weiter. Die sind mein Bereich und ich bin fast täglich mal kurz präsent und helfe aus, schaue nach dem Rechten, bin zwei oder drei Stunden auch alleine mit der Mutter und am Nachmittag. Und da mach ich das, was noch machbar ist an spielen, sprechen, an Bilder anschauen, ein bisschen mobilisieren ... Sie hat Freude an Blumen, ich bringe ihr gerne welche aus meinem Garten oder sonst woher ... Manchmal blitzt noch was auf von dem, was bei uns üblich war, wir haben gerne so Wortverdrehungen gemacht, Sprachspiele, und dann ihr spontanes Lachen, wenn sie merkt, das war schon wieder so ein Spiel.*« Er betrachtet seine Art, die Mutter in ihrem Haushalt zu betreuen, als »*männliches*

Arrangement«. Denn »*Frauen würde das eher so passieren, dann gerät die zu betreuende Person in aller Regel in den Haushalt der Frau«.*

Es ist wohl nicht nur die räumliche, sondern auch die innere Nähe zur Mutter, die hinter dem Engagement von Eugen E. steht. *»Ich bin nämlich als Säugling, ja, ein viertel Jahr nach meiner Geburt, in ein Krankenhaus verschwunden und erst ein halbes Jahr später wieder rausgekommen. Furunkulose, und wie meine Mutter erzählt, bin ich eigentlich nur zum Sterben nach Hause gekommen ... hab keine Gewichtszunahme gehabt und nichts ... Ja, und dann hat wohl meine Mutter entschieden, ja, wenn er sterben soll, dann kann das auch zu Hause sein ... Das mag vielleicht da 'ne Rolle spielen, weswegen ich mich jetzt so wirklich darauf einlasse. Ein bisschen was zurückgeben.«*

Neben dem rechtlichen Graubereich belastet Herrn E. vor allem, täglich den Abbau seiner Mutter zu erleben, für die inzwischen die Pflegestufe 3 anerkannt wurde, *»zuschauen zu müssen, hilflos zuschauen zu müssen, wie immer weniger geht«.* Wenig Hilfe kommt von seinen Geschwistern, die ihm nicht einmal einen Urlaub ermöglichen. Er hat die Erfahrung gemacht, *»wenn ich nach einer Woche anrufe und dann von der Pflegehilfe, also von der Haushaltshilfe höre: »Alles okay, Oma im Krankenhaus (lacht).« Und das Geschwisterchen, das hätte da sein sollen oder zu der Zeit einspringen sollen, war nicht mobil, und das andere Geschwisterchen kam aus dem Ausland und hat dann noch einen halben Tag hier verbracht und war schon wieder weg.«* Und deswegen kann er kaum über den Tag hinaus planen: *»Ich mach keine Pläne für länger als drei Monate.«* Dafür hat Herr E. verlässliche Beziehungen in die Nachbarschaft, wo er auch einmal fachlichen Rat und Hilfe holen kann.

Und es gibt auch die andere, die bereichernde Seite an der Beziehung zu seiner Mutter. »*Es gab früher viele Jahre, da war ich außerstande, herzlich zu sein gegenüber meiner Mutter ... Also, ich hab mich vielleicht grad mal mit Handschlag verabschiedet. Aber die Herzlichkeit, die ich ja jetzt von ihr bekomme und ihr vielleicht auch anbiete, das ist vielleicht, was intensiver wurde ... Na ja, man nimmt sich halt mal in den Arm oder macht scherzhaft irgendwelche Gesten, bis ich dann ganz nah bei ihr bin und dann macht sie halt irgendwas, ja ... Körperkontakt ... Ich glaube wir sind uns Jahre vorher schon langsam wieder nähergekommen. Also, wie ich merkte, dass sie immer mehr Hilfe brauchte, da hab ich schon gemerkt, dadurch, dass ich es mache, kommt man sich auch näher.*«

Typ IV: Der Kooperateur

Diesem mittleren Sektor lassen sich die sechs Männer zuordnen, die mit dem Pflegebedürftigen in einem Haushalt leben und dabei einerseits ein breites Spektrum von Unterstützungsmöglichkeiten in Anspruch nehmen, andererseits aber meist auch selbst alle notwendigen pflegerischen Tätigkeiten ausüben. Es ist eine heterogene Gruppe von Männern, mit Pflegezeiten zwischen zwei und acht Jahren und eher mittelschweren bis schweren Erkrankungen der Gepflegten. Auch die Verwandtschaftsverhältnisse sind breit gefächert: Drei Männer pflegen ihre Ehefrau, die anderen drei die Mutter, den Vater, den Schwiegervater.

Neben der Unterstützung durch andere Familienmitglieder und Freunde, durch ambulante Dienste, Besuchsdienste, Entlastung durch Tagesbetreuung, Putzhilfen, werden von den »Kooperateuren« immer wieder auch originelle Lösungen gefunden:

> Ignatz I., 77, versucht die Spielräume und Kontakte für sich und seine schwer pflegebedürftige Frau so gut als möglich aufrechtzuerhalten. Um ihre Mobilität zu erhalten, wurde im »*Auto der Beifahrersitz ausgebaut, da wurde sozusagen ein Schwenkschemel eingebaut und man kann jetzt mit dem Rollstuhl ins Auto ... Und dann sind wir also unabhängig von anderen Transportdiensten et cetera.*«

> Ludwig L., 66, nahm manche Suchaktion in Kauf, wenn er seiner zunehmend verwirrten Frau in ihrem »*ungeheuren Bewegungsdrang*« die Freiheit gab, zunächst noch mit dem Fahrrad, dann zu Fuß die Umgebung zu durchstreifen. Von ihm erforderte dies einen offenen Umgang mit der Erkrankung in der Nachbarschaft: »*Man muss gewisse Informationen weitergeben, die sind zwingend notwendig.*«

Auch wenn diese pflegenden Männer mit ihren Betreuungs- und Pflegeaufgaben meist rund um die Uhr in Anspruch genommen sind, schaffen sie es durch ihren weit gespannten Pflegemix immer wieder, sich Auszeiten und eigene Räume zu verschaffen.

> Ignatz I. trifft sich mit der Seniorengruppe seines früheren Betriebs; Norbert N. genießt seinen Job beim ehrenamtlichen Fahrdienst; Ulrich U. geht noch an vier Tagen zur Arbeit, während seine Frau und der Pflegedienst nach seinem Vater schauen; Walter W. übergibt

abends die Betreuung des Schwiegervaters an seine Frau, um dann Zeitungen auszutragen oder sich in Gesangverein und Kirchengemeinde zu engagieren.

Für Ludwig L. erschloss sich durch die Demenz seiner Frau eine neue Freiheit. Aus einer Angehörigen-Selbsthilfegruppe formierte sich eine freundschaftliche Gruppe mit zwei anderen Paaren, die einen verlässlichen Rahmen für gemeinsame Unternehmungen und einen guten Rückhalt in der Öffentlichkeit bietet. So können auch peinliche Situationen, wenn etwa im Restaurant »*alle Leute auf uns gucken*«, leichter ausgehalten werden: »*Wir sind dann zu sechst und nicht allein, die Blicke verteilen sich dann auf mehrere.*«

Lediglich für den 88-jährigen Rainer R. hat sich durch die Pflege seiner demenziell erkrankten Frau »*eigentlich … an dem Tagesablauf nicht so viel geändert und mir ist das auch nicht schwergefallen*«. Denn schon immer waren die beiden ein häusliches, eng aufeinander bezogenes Paar. »*Also, das war bei uns eigentlich Zeit unseres Lebens, dass wir alles zusammen unternommen haben. Wir sind zusammen in den Urlaub gefahren, wir sind sonntags zusammen spazieren gegangen … ich war in keinem Verein, ich bin kein Wirtshausgänger – also, jetzt sagen Sie nicht, der ideale Mann (lacht).*« Die Rolle als Versorger und Geber fällt ihm nicht schwer, denn »*ich war halt eben auch nie der Typ, der sich hat gern bedienen lassen, ich weich da vollkommen von dem Männerbild ab. Ich hab lieber bedient als bedienen lassen.*«

Ludwig L.

*»Eine funktionierende Freundschaft
ist zehn Mal mehr wert wie zehn Tabletten.«*

Ludwig L., 66, ist gelernter Mechaniker und war die meiste Zeit seines Berufslebens Ausbilder in einem großen Industriebetrieb. Er könnte als Pflegetypus zwischen dem »Einzelkämpfer« und dem »Kooperateur« eingeordnet werden. Seit sieben Jahren betreut er seine 63-jährige, an Demenz erkrankte Frau, was ihm sein in etwa gleichzeitig angetretener Vorruhestand ermöglicht. Die frühere Lehrerin wurde mit 56 berufsunfähig und hat seit drei Jahren das Sprach- und das Gehvermögen verloren. Für Frau L. ist die Pflegestufe 3 bewilligt und sie wird die meiste Zeit überwiegend alleine von ihrem Mann versorgt. Ein Sohn lebt weiter entfernt, eine Tochter in der Nähe unterstützt ihn punktuell. An zwei Tagen besucht Frau L. die Tagesbetreuung, ein weiterer Vormittag ist mit Ergo-, Logo- und Physiotherapieterminen ausgefüllt. Neben einer Putzhilfe wird keine weitere Unterstützung in Anspruch genommen.

Erste Auffälligkeiten von Frau L. wurden in ihrem Kollegenkreis bemerkt und dann ärztlich als »frontotemporale Demenz« diagnostiziert. Herr L. fühlte sich mit dieser Situation als »Einzelkämpfer« zunächst sehr alleine gelassen: »*Alle Broschüren waren mit Alzheimer betitelt und nicht mit Demenz*«, so »*dass man einfach versucht hat, sich mehr oder weniger über Wasser zu halten, nach jedem Strohhalm zu greifen.*« Herr L. hatte sich bald »*geoutet*«, kam so zu einer Selbsthilfegruppe und wiederholt zu einer Kur im Alzheimer Therapiezentrum Bad Aibling, wo er viele wichtigen Informationen und die nötige Unterstützung bekam.

Seiner Frau in ihrem »*ungeheuren Bewegungsdrang*« gab er viel Freiheit, zunächst noch mit dem Fahrrad, dann zu Fuß, was gelegentliche nachbarschaftliche und polizeiliche Suchaktionen nach sich zog und einen offenen Umgang mit der Erkrankung erforderte: »*Man muss gewisse Informationen weitergeben, die sind zwingend notwendig.*« Nachdem seine Frau einkaufte »*wie ein Weltmeister*« und er den Geschäftsführer darum bat, ihr nichts mehr zu verkaufen, überraschte der ihn mit dem Einwand: »*Ja, Moment, wie reagiert Ihre Frau an der Kasse, wenn sie nichts mehr kriegt? Sie bringen mir den Artikel am nächsten Tag wieder! – Dann habe ich auch manchmal den Kassenbeleg nicht mehr gehabt, aber ich hab anstandslos mein Geld wiedergekriegt.*« Neben solch ermutigenden Begegnungen erlebte Herr L. allerdings auch eine »*maßlose Enttäuschung*« durch seine Kirchengemeinde, wo sich niemand um die beiden kümmerte, obschon seine Frau doch über 25 Jahre überaus engagiert in der Kinderarbeit tätig gewesen war.

Aus einer Angehörigen-Selbsthilfegruppe formierte sich eine freundschaftliche Gruppe mit zwei anderen Paaren, die einen verlässlichen Rahmen für Austausch, für gemeinsame Unternehmungen und einen guten Rückhalt in der Öffentlichkeit bietet. So können auch peinliche Situationen, wenn etwa im Restaurant »*alle Leute auf uns gucken*«, leichter ausgehalten werden: »*Wir sind dann zu sechst und nicht allein, die Blicke verteilen sich dann auf mehrere.*« So konnte Ludwig L. anfänglichen Rückzugstendenzen entgegenwirken, Schamgrenzen überwinden und immer offener mit der Erkrankung umgehen. »*Das beste Heilmittel oder eine funktionierende Freundschaft, Kameradschaft, ist zehn Mal mehr wert wie zehn Tabletten.*«

Den Betreuungs- und Versorgungsalltag zu Hause bewältigt Herr L. »*aus eigener Bequemlichkeit*« überwiegend alleine, ohne die Hilfe eines Pflegedienstes. »*Dann
möchte ich einfach den Mittwoch und den Donnerstag
auch noch mal mich im Bett rumdrehen und eine halbe
Stunde länger liegen bleiben und nicht denken, oh, jetzt
kommt die Diakonie, jetzt muss ich wieder aufstehen oder
sonst irgendwas.*« Von ihrer Tochter erwartete er sich
mehr Unterstützung: »*Verdammt und zugenäht noch einmal, die Tochter, gelernte Krankenschwester, kann hier
für ihre Mutter mehr tun wie ich als Mechaniker!*«

Im Pflegealltag belastet ihn vor allem die Einsamkeit
mit seiner Frau: »*Wenn ich meine Frau sehe, wie sie da
sitzt ... Ach, also, ich müsste sagen, eine lebende Puppe.
Das Einzige, wo sie mir gegenüber Rückmeldungen gibt,
sind die Augen. Sie spricht seit drei Jahren kein Wort
mehr.*« Er bedauert seine gelegentliche pflegerische Unzulänglichkeit, seine zeitweise mangelnde Gelassenheit
und fühlt sich in seinen wenigen freien Stunden nicht
wirklich frei: »*Im Großen und Ganzen ist immer vor dem
geistigen Auge irgendwo rechts oder links oben im Eck
die Uhr.*« Nicht leicht fiel ihm auch der Umgang mit
Ekel und Scham: »*Verdammt und zugenäht noch einmal, das Ausziehen hat vor 30 Jahren mehr Spaß gemacht!*«

Andererseits kann Ludwig L. nach wie vor die Nähe
zu seiner Frau genießen: »*Ich hab nicht bloß eine
Schmusekatze, sondern einen Schmusetiger.*« Er spürt,
»*wenn ich nachts, sei's mit der Hand rübergehe zu ihr
an die Wange oder mit dem Kopf, dann merke ich, wie
sie Druck aufbaut*«, und macht sich auch sonst viele Gedanken über das Erleben und die Bedürfnisse seiner
Frau, auch wenn ihm das nicht immer gelingt: »*Es ist

viel Traurigkeit dabei, weil ich einfach nicht beurteilen kann, wie's ihr geht«. Er kann die Pflege auch als eine Art Wiedergutmachung verbuchen, dafür, *»dass ich einfach jahrzehntelang zu wenig getan habe ... dass ich mir einfach heute sag, Mensch, hätten wir es uns ein bisschen schöner gemacht!«* Er sieht sich nicht als *»Opferlamm«,* sondern empfindet eine große *»Dankbarkeit für die Aufgabe ... ich möchte meinem Partner das zurückgeben, was sie mir früher gegeben hat.«*

Herr L. sieht die potenziellen Grenzen seines Engagements: *»Ich kann nur eines sagen und versprechen, dass, wenn ich merke, dass ich in die Knie gehe, dann komm ich. Ich komme nicht erst, wenn ich auf den Knien bin.«* Er denkt dabei an professionelle Pflege zu Hause oder auch im Heim: *»Der Tag X kann bei meiner Frau kommen ... kommt bei meiner Frau ganz bestimmt irgendwann, auf der anderen Seite kann er bei mir auch kommen.«* Aber wie sein Leben weitergehen könnte, wenn seine Frau eines Tages ins Heim kommen sollte: *»Da möchte ich gar nicht daran denken!«*

Typ V: Der erschöpfte Kooperateur

Die Pflege bringt den Pflegenden trotz Unterstützung und Entlastung durch andere körperlich und seelisch immer mehr an seine Grenzen; Pflegling und Pflegender sind zunehmend aufeinander fixiert und emotional verstrickt; der Pflegende kann kaum noch eigene Interessen und Bedürfnisse wahrnehmen oder das Haus verlassen; eine Beendigung der häuslichen Pflege wäre eine Entlastung für alle Beteiligten.

Die fünf Männer in diesem Sektor sind eher älter, zwischen 65 und 86 Jahren alt, und pflegen allesamt ihre Ehe-

frauen, die meist einen hohen Pflegebedarf haben. Die Be-
treuungsdauer liegt zwischen drei und zehn Jahren.

Die Welt dieser »erschöpften Kooperateure« engt sich immer mehr auf das Pflegegeschehen ein, Denken und Fühlen kreisen um die Bewältigung des Alltags und die pflegebedürftige Partnerin.

Auch wenn Günter G. mit seiner dementen Frau noch
ein paar Außenkontakte pflegen kann, kommt er immer
öfter an seine Grenzen. Sein größtes Bedürfnis ist »*mehr
ausruhen, aber wenn ich mich jetzt hinlege und will
mich ausruhen, dann geht einem so vieles durch den
Kopf, dann steht man wieder auf. Irgendwie innerliche
Ruhe oder so finde ich selten, da nehme ich auch was dafür ein, dass ich besser schlafen kann.*«

»*Bei der Diagnose von meiner Frau bin ich also in ein
sehr tiefes Loch gefallen und aus dem bin ich heute noch
nicht draußen ... und werde auch vermutlich nie rauskommen.*« So Paul P., 65, der seit acht Jahren seine
mittlerweile schwer demente, 61-jährige Frau betreut.
Die Pflegesituation hat ihn so in Beschlag genommen,
dass auch seine wenigen freien Stunden nicht wirklich
frei sind: »*Die Zeit, wenn ich spazieren gehen kann, fällt
mir schwer. Ja, es klingt etwas paradox, ist aber wirklich
so. Da habe ich endlich einmal Freizeit, aber ich kann
nichts damit anfangen.*«

Die Männer bedrückt die Hoffnungs- und Perspektivlosigkeit ihrer Situation, ein Leben jenseits der Pflege kann
nicht mehr in den Blick genommen werden.

Der 86-jährige Oskar O., der seine an Alzheimer erkrankte Frau sieben Jahre zu Hause pflegte und sie nun

täglich im Heim besucht, hofft nur noch, »*dass ich so alt werde, dass ich meine Frau überlebe. Damit ich ihr wenigstens so lange noch ein bisschen etwas tun kann, was Gutes tun kann.*«

Der mit 69 Jahren noch vergleichsweise junge Günter G. sieht vor allem, was nicht mehr geht. Sein resigniertes Fazit: »*Also, als ich in den Ruhestand gekommen bin oder kurz vor dem Ruhestand, da habe ich so viel vorgehabt, was ich noch ändern will, mal machen will, und jetzt ist mehr oder weniger das meiste weggebrochen.*«

»*Es bestehen keine Pläne, ich lass es auf mich zukommen ... Pläne zu machen bringt nichts, die lassen sich meistens nicht verwirklichen ... Alles, was ich mir gedanklich vorgelegt habe und an Plänen gemacht habe, ist nicht eingetroffen, nicht so eingetroffen.*« (Paul P.)

Schließlich klingen in den Äußerungen auch Grenzsituationen an, die Gedanken an weitergehende Grenzüberschreitungen wachrufen können.

Günter G. zu seinen Reaktionen auf seine Frau, wenn sie zum x-ten Male das Gleiche fragt: »*Das kann einem manchmal die Galle hochtreiben. Manchmal sagt man auch etwas, was einem nachher wieder leid tut, aber man ist ja nicht immer gleich drauf.*«

Der 79-jährige Siegfried S. sagt, er bekomme gelegentlich von seiner bettlägerigen Frau die Klage zu hören, »*er solle sie doch gleich ins Heim tun, wenn er so grob sei*«. Manchmal würde er eben zu fest zupacken, seine Handwerkerhände seien eben »*keine Hebammenfinger*«.

Jochen J.

> *»Das ganze Leben spielt sich im Wohnzimmer ab.«*

»Ich habe mit meiner Frau sehr schöne Zeiten erlebt. Zum letzten Mal eigentlich mehr oder weniger unbeschwert, das war im Jahr 2007, als wir zum letzten Mal in der Heimat meiner Frau waren,« sagt der 81-jährige Jochen J. und weint. Der hagere, aber kräftig wirkende Mann, gelernter Maurer und Bauingenieur, leidet sichtlich unter seiner Pflegesituation, die ihn seit vier Jahren immer mehr in Beschlag nimmt. Am meisten macht dem »erschöpften Kooperateur« zu schaffen, *»dass ich nicht mehr fort kann und nicht mehr verreisen kann«*. Die beiden sind nach seinem Vorruhestand viel gereist, *»durch ganz Skandinavien, die Türkei, bis weit nach Syrien. Das waren schon tolle Fahrten und Erlebnisse, mit dem türkischen Dampfer von Venedig nach Izmir.«* Und jetzt beschränkt sich ihr Radius auf das Wohnzimmer in ihrem kleinen Häuschen, wo nur noch die Reiseführer und Sammelordner im Regal vom früheren Leben des Ehepaars zeugen. *»Was mir am meisten schwerfällt ist, dass ich natürlich vollkommen eingesperrt bin ... Ja, mein Gott, wir kommen ja nicht mehr fort, ich komm ja nirgends mehr rein.«*

Seine ein Jahr jüngere Frau ist an Osteoporose und an Parkinson im fortgeschrittenen Stadium erkrankt, sie liegt überwiegend im Bett, sitzt immer weniger im Rollstuhl und hat Pflegestufe 3. Nach einem Oberschenkelhalsbruch kann sie inzwischen fast nichts mehr selbstständig machen, *»weder essen noch trinken, ich muss also bei allem helfen«*. Hinzu kommt, *»sie kann sich kaum mehr verständigen. Erstens spricht sie leise und zweitens äußerst undeutlich ... große Schwierigkeiten,*

59

dass sie sich verständlich macht.« Morgens kommt ein Pflegedienst, der Herrn J. ein kleines Zeitfenster verschafft, um einzukaufen oder auch einigermaßen regelmäßig in sein Fitnessstudio zu kommen, wo er versucht, etwas für seinen vom Beruf geschädigten Rücken zu tun. Den abendlichen Pflegedienst hat er wieder gestrichen, »*das hat sich als für uns nicht günstig rausgestellt, weil erstens mal die Zeit, wo die kamen, abends sehr variiert hat, und zweitens wegen ihrer Inkontinenz, das war zu bald, wo sie abends versorgt worden ist. Da ist sie dann morgens, bis ich sie um sieben rausgeholt habe, ist sie dann geschwommen, und das war dann viel mehr Aufwand.*«

Unterstützung bekommt Herr J., neben einer Putzhilfe, zwar zweimal in der Woche von seiner Tochter, aber »*jedes Mal, wenn man sich einigermaßen einrichtet und dann froh ist, dass es bleibt, man hat sich irgendwie mit dem Zustand arrangiert, dann kommt irgendwie irgendwas und es gibt wieder einen Ruck nach unten*«. Es ist diese Hoffnungslosigkeit, die ihm so zu schaffen macht. »*Und was natürlich auch erschwerend und sehr schwer ist, man sieht ja keinerlei Perspektive ... dass der Zustand sich immer verschlechtert ... dass ich nicht weiß, wie lange ich das noch machen kann. Und dass ich mich halt jedes Mal aufraffen muss, wenn es schwerer wird, vor allem, wenn es, also jetzt auf den Tag gesehen, nach sechs ist. Dann wird es jedes Mal, wenn ich mit meiner Frau auf Toilette muss, wird es halt schwieriger und irgendwann geht es halt auch nicht mehr, und was ich dann mach, das weiß ich auch nicht.*«

Und wenn Herr J. einmal eine seiner seltenen längeren Auszeiten bekam, »*das ist äußerst schwierig gewesen, weil es war bei mir also so, dass ich praktisch nicht abschalten konnte. Das braucht, so wie ich das sehe, längere Zeit, bis ich wenigstens so weit bin, dass ich mich noch einigermaßen von dem Ganzen lösen kann. Das hockt einem doch in den Kleidern.«*

So kommt Jochen J. immer wieder einmal an die Grenzen seiner Belastbarkeit, zumal er selbst immer wieder »*schwere Sachen und Depressionen und schwierige Zeiten*« durchlebt. »*Depressionen habe ich schon Jahrzehnte, schon im Beruf gehabt und so. Das bin ich bald gewohnt, Frühjahr und Herbst.*« So hat er das Gefühl, dass er seiner Frau nicht immer gerecht wird. »*Ich glaube, dass sie manchmal unter mir leidet. Weil ich ungeduldig bin und nicht verstehen kann, warum sie manches nicht macht oder ganz anders macht ... Ich meine, ich muss mit meinen Kräften natürlich auch haushalten und sehen, dass ich jeden Tag zu einem guten Ende bringe. Und das bedingt auch für meine Frau gewisse Einschränkungen, die sie vielleicht nicht verstehen kann ... Und jetzt vor allem, wenn sie sich nicht mehr richtig artikulieren kann, da wird das ja noch schwieriger und dann geh ich halt den Weg des geringsten Widerstands. Ich spare mir da auch Nerven und Energie ... Und ich kann das durchaus glauben, wenn sie sagen tät, sie versteht manches nicht, warum ich das mach und warum ich sie so schimpf manchmal. Sie ist natürlich auch in vielen Dingen schwierig ... wenn ich sage, wir machen irgendwas, dann macht sie genau das Gegenteil, weil sie dann ihren Dickkopf aufgesetzt hat.*« Zur Idee, sich in einer Angehörigengruppe Entlastung zu verschaffen, meint er: »*Wissen Sie, da ist es halt so, was mach ich mit meiner Frau?*«

Auch wenn er es über kurz oder lang auf sie zukommen sieht, will Jochen J. seine Frau nicht in ein Pflegeheim geben. »*Von den Pflegeheimen hört man nicht immer das Beste … Solange ich das noch kann, mach ich das. Und wenn nicht, dann muss man sowieso, ob man will oder nicht, nach einem Pflegeheim gucken. Da hilft auch die örtliche Pflege, wenn man sie verdoppelt, nicht mehr.*« Er hält sich daran aufrecht, »*dass ich sagen kann, ich kann meiner Frau noch helfen. Dass sie wenigstens, wenn auch unter äußerst eingeschränkten Bedingungen, daheim ist. Denn das wäre, glaube ich, seelisch ganz schwierig für sie, wenn man sie in ein Altersheim tut, in ein Pflegeheim. Ob sie das verkraftet, das weiß ich nicht. Und dann ist da natürlich auch ein finanzielles Problem, selbst in Pflegestufe 3.*«

Jochen J. erfährt gelegentlich Bewunderung für seine aufopfernde Pflege »*und das gefällt mir wieder gar nicht. Denn*«, und so resümiert er seine Schilderung, »*ich mach eigentlich nichts Außergewöhnliches. Ich guck, dass ich die Aufgabe, die mir im Leben gestellt wurde, zurzeit so gut wie möglich löse und erledige. Und das ›so gut wie möglich‹, das ist manchmal ziemlich miserabel, so wie ich das ansehe.*«

Was Jochen J. all dies immer noch durchhalten lässt, kann er nicht so recht beantworten. »*Tja, ich weiß es nicht. Es ist der Herrgott. Es heißt ja immer, wenn man ein Amt kriegt oder eine Aufgabe, dann kriegt man auch die notwendige Kraft, aber wer weiß, wie lang und wie. Es gibt ja viele Sachen im Leben, persönliche und auch politische, von denen man keine Antwort kriegt und keine Lösungen und keine Antwort weiß und nichts … Und das sind natürlich Fragen, an denen macht man immer rum und vermehrt im Alter. Obwohl man ganz genau weiß, dass weder man selber noch andere, und sind sie noch so gescheit, jemals eine Antwort darauf*

kriegen.« Und so sieht er als eigentliche Kraftquelle
*»mein Wille, mein Verantwortungsbewusstsein. Wenn
man das nicht selber will, dass man das macht, dann
geht das nicht.«* Und schließlich sei das *»halt so in guten
und in bösen oder schlechten Tagen. Wir sind ja jetzt
immerhin schon 52 Jahre verheiratet. Na ja, bloß weder
hab ich mir das so vorgestellt, dass das so schnell so kritisch wird und so schlecht, und meine Frau ja schon
gleich gar nicht.«*

3. Wie Männer Pflege bewältigen

*Die größte Kulturleistung eines Volkes
sind die zufriedenen Alten.*

(aus Japan)

So unterschiedlich wie die Pflegesituationen und die Pflegetypen, so unterschiedlich sind auch die Haltungen, Methoden und Techniken, mit denen die befragten Männer ihren Pflegealltag gestalten und bewältigen.

Kontinuität, Normalität und Freiräume bewahren

In die Pflegesituation kommen Menschen, zumal bei demenziellen Erkrankungen, meist in einem allmählichen Prozess, ohne dass es einen klaren, markierten Beginn gäbe. So ist es zunächst naheliegend, zu versuchen, die Kontinuität der eingespielten häuslichen Abläufe, die Normalität ihres Alltags aufrechtzuerhalten und sie nicht durch den Krankheitsprozess dominieren zu lassen; dies erfordert dann aber mit zunehmendem Pflegebedarf immer größere Anstrengungen.

Die Unterbringung seines Vaters in der vormittäglichen Tagespflege war eine wichtige Voraussetzung dafür, dass Andreas A. seinen Vater betreuen konnte. So konnte er als Selbständiger mit Home-Office mit seinen Kunden telefonieren, ohne dass die sahen, »*dass ich fünf Minuten später Windeln wechsle.*«

Wie selbstverständlich ist die schwer demente, aber noch gut mobile Frau von Bruno B. bei Wanderungen mit Freunden oder beim monatlichen Stammtisch dabei, »*obwohl sie nichts sagen und nichts verstehen kann*«.

Der »*Betreuungs- und Pflegemix*«, den Theodor T. für seine Tante steuerte, ermöglichte allen an der Betreuung und Pflege Beteiligten eine Fortsetzung ihres Lebens ohne wesentliche Einschränkungen.

Diese Bemühungen, trotz zunehmender Belastungen und Einschränkungen ein Leben in möglichst großer Normalität und Kontinuität zu führen, die betreute Person am gewohnten Alltag teilhaben zu lassen und für sich selbst die nötigen Freiräume zu erhalten, belegen auch andere Untersuchungen[40].

Günter G.

»Und dann bricht wieder ein Stein weg.«

»*Am schwersten ist die Zukunft, das Ungewisse*«, sagt Günter G., dessen Frau vor sieben Jahren die Diagnose »Alzheimer« bekommen hatte. »*Man hat dann auch Angst gekriegt, wie das weitergehen kann, was da auf einen zukommt. Die Angst, die geht immer mit, das ist auch jetzt noch so.*« Noch ist es ein frühes Stadium der Krankheit, Frau G. kann noch kommunizieren, drei Mal wöchentlich an einer Tagesbetreuung oder auch mit ihrem Mann an den Chorproben teilnehmen. »*Mitsingen kann sie noch, Lieder, die sie schon mal gelernt hat, aber neue Lieder, das geht nicht.*« Aber der 69-jährige frühere Handwerker hat immer mehr zu übernehmen, obwohl er selbst alles andere als ein gesunder Mann ist. Er erzählt ausführlich von seinen vielen Krankheiten, unter anderem den Verlust des Schließmuskels nach einer Totalentfernung seiner Prostata – fast könnte man meinen, dass seine Klinikaufenthalte seine einzigen legitimen Auszeiten sind.

Am Anfang war es wie so oft, dass es einige Zeit dauerte, bis auch die Ärzte die Krankheit erkannten. »*2002 habe ich gemerkt bei meiner Frau, da stimmt was nicht, die ist nicht mehr so wie vorher. Sie war immer lebenslustig, hat überall mitgemacht, hat Spaß gemacht, und wenn wir in einer Gruppe beieinander waren, da hat sie sich zurückgezogen und hat nicht mehr geredet oder wenig ... Sie wurde also in der Zeit schon auf depressiv behandelt.*« Erst über ein Jahr später brachte die Untersuchung in einer Memory-Klinik Klarheit und eröffnete eine neues Kapitel in ihrem Leben: »*Von Alzheimer hat man vorher gar nichts gewusst, hat einen nicht berührt. Das war zum ersten Mal ein Schock.*« Hilfreich waren darum der Aufenthalt in einer Alzheimer-Kurklinik und seine monatliche Teilnahme an einer Angehörigengruppe. »*Wenn es irgendwie geht, dass ich meine Frau unterbringe, dass ich sie zu meiner Tochter tun kann oder so, dann nehme ich das allemal wahr. Da hört man dann, dass vieles auch bei anderen parallel läuft, etwa gleich.*« Diese Bestärkung ist zum Beispiel dann wichtig, wenn ihn seine Frau zum x-ten Male das Gleiche fragt: »*Das kann einem manchmal die Galle hochtreiben. Manchmal sagt man auch etwas, was einem nachher wieder leid tut, aber man ist ja nicht immer gleich drauf.*«

Günter G. versucht so gut wie möglich sein bisheriges Leben mit seiner Frau fortzusetzen. Neben der Singstunde sind gemeinsame Aktivitäten der monatliche Stammtisch, Spaziergänge im Bekanntenkreis, Einkäufe oder auch gelegentlich Essen im Restaurant. »*Aber mit Messer und Gabel essen, dass man das mit dem Messer hält, bis es auf der Gabel ist oder sonst, das klappt nicht mehr so richtig. Und wenn das noch schlechter wird, wesentlich schlechter, dann kann ich sie da auch nicht mehr mitnehmen. Das ist jetzt im Moment meine Befürchtung, dass das auch kommt und dann wird man immer mehr abgeschnitten, dann wird man immer mehr abgeschnitten. Da bricht immer wieder ein Stein weg. Sie ist erst 68 Jahre, das kann noch lange gehen.«*

Auch wenn Herr G. mit der Haushaltsführung ganz gut zurechtkommt, wird ihm die gesamte Situation doch immer wieder zu viel, *»irgendwo kommt man an seine Grenzen«.* Sein größtes Bedürfnis ist *»mehr ausruhen, aber wenn ich mich jetzt hinlege und will mich ausruhen, dann geht einem so vieles durch den Kopf, dann steht man wieder auf. Irgendwie innerliche Ruhe oder so finde ich selten, da nehme ich auch was dafür ein, dass ich besser schlafen kann.«* Mit der Haushaltshilfe, die ihn einmal wöchentlich unterstützt, ist allerdings seine Frau nicht einverstanden. *»Als das meine Frau mitbekommen hat, hat sie des Öfteren geheult und gesagt, ich will niemand in der Wohnung und so dreckig ist es bei uns nicht … Sie hat früher selber auch geputzt und hat alles gemacht und jetzt kommt jemand, muss ihr das sozusagen machen.«* Gelegentliche Unterstützung bekommt er darüber hinaus von Tochter und Sohn.

Wenn Günter G. an die weitere Zukunft denkt, ist er entschlossen: *»Solange es geht, möchte ich meine Frau zu Hause behalten. Von einem Schulkameraden die Frau ist auch ein Pflegefall geworden, die ist vor zwei Monaten auch in ein Altersheim gekommen, auch überraschend, und er sagt, er kommt einfach nicht darüber hinweg, wenn man Angehörige, ob das die Frau ist oder der Mann ist, einfach abgibt. Also, da mag ich noch nicht daran denken. Das ist keine einfache Entscheidung.«*

Günter G., der dem Typus des »erschöpften Kooperateurs« zugeordnet werden kann, schließt seine überwiegend in sachlichem Ton gehaltene Schilderung mit dem resignierten Fazit ab. »*Also, als ich in den Ruhestand gekommen bin oder kurz vor dem Ruhestand, da habe ich so viel vorgehabt, was ich noch ändern will, mal machen will, und jetzt ist mehr oder weniger das meiste weggebrochen.*«

Äußere und innere Distanzierung

Um die Normalität der Beziehung zwischen den Pflegebeteiligten zu schützen, versuchen einige Söhne nach der Formel »Intimität auf Abstand« so lange wie möglich eine räumliche Distanz zu ihren pflegebedürftigen Eltern aufrechtzuerhalten. Ebenso versuchen Söhne und Ehepartner eine Trennung zwischen psychosozialer Betreuung und Körperpflege zu wahren. Die gute Partner- oder Elternbeziehung soll in ihrer bisherigen Qualität erhalten werden, indem die Intimpflege an professionelle Fachkräfte delegiert wird.

> Für Helmut H. ist ein gedeihliches Zusammenleben mit seiner Mutter im gleichen Haushalt unvorstellbar: »*Also Distanz muss schon da sein!*«

> Seinen eigenen, separaten Haushalt aufrechtzuerhalten bezeichnet Eugen E. als »*männliches Arrangement*«, das ihn vor Vereinnahmung und Überforderung schützt.

Diese äußere Distanzierung betreuender Männer wird immer wieder als ein »Sich-Drücken« der Männer vor der »nassen Pflege« interpretiert, was gelegentlich auch zu grundsätzlichen Zweifeln daran führt, ob Männer überhaupt richtig pflegen. »Männer machen mehr Sorgearbeit denn im engeren Sinne des Wortes Pflegearbeit. Männer meiden zumeist auch intime Pflegeleistungen.«[41] Es kann in dieser Haltung aber auch das Bemühen gesehen werden, die Würde der betreuten Person zu wahren, wie dies etwa auch Ja Ann Perry belegt[42]. Auch Stefanie Klott kommt zu dem Ergebnis, »dass manche Söhne Abstand von der Körperpflege nehmen, um die Gefühle und Scham der Mutter nicht zu verletzen – was von der Außenwelt und in Studien unter Umständen als ›sich drücken‹ aufgefasst wird.«[43]

Um an den großen Belastungen nicht zu zerbrechen, versuchen viele Männer, neben dem Erhalt ihrer äußeren Freiräume im Alltag und Urlaub, sich und ihren Pflegling durch verschiedene Formen von Distanzierung zu schützen. »Männer halten sich emotional weithin heraus und versuchen eine sachlich nüchterne Pflegeorganisation.«[44] Dies wird oft in einer Form von emotionaler Abschottung versucht, wie dies auch Edward Thompson belegt[45].

> Ulrich U. weiß zwar, der Vater *»kann ja für die Situation nichts«,* aber dennoch will er dessen Probleme nicht zu nahe an sich herankommen lassen. *»Ja, ich denke auch, dass das besser funktioniert, wenn man die emotionale Schiene da so ein bisschen runterfährt.«*

> *»Ich muss das nüchtern betrachten, um mich zu schützen, aber auch, um sie zu schützen«,* sagt Bruno B.

Als eine weitere Möglichkeit, sich emotional zu schützen, bagatellisieren einige Männer ihre Belastungen. Dies könnte einer der Gründe dafür sein, dass Männer in der Betreuung und Pflege weniger Stress erleben, wie dies manche Studien nahelegen. Es könnte aber auch Ausdruck des klassischen Rollenmodells sein, wonach Männer ihre Belastungen nur unzureichend wahrnehmen und verleugnen. So kam auch die Leander-Studie zur Belastung pflegender Angehöriger zum Ergebnis, dass sich »Männer und Frauen nicht in ihrer objektiven Belastung, aber in ihrer subjektiven Wahrnehmung der Situation« unterscheiden[46].

Jochen J. tut in seinen Augen »*nichts Außergewöhnliches. Ich guck, dass ich die Aufgabe, die mir im Leben gestellt wurde, zurzeit so gut wie möglich löse und erledige. Und das ›so gut wie möglich‹, das ist manchmal ziemlich miserabel, so wie ich das ansehe.*«

»*Die Pflege hier mit meiner Frau ist eigentlich nicht so schlimm*«, meint Kurt K. Denn »*durch das Wissen, dass wir da das Geschäft gehabt haben und dass die Kinder dann da zwischendrin waren, hab ich ja schon immer auch im Haushalt aushelfen müssen … Ich kann auch kochen, kann auch einen Haushalt führen, so ist das nicht. Und deswegen ist mir das ja auch irgendwie entgegengekommen. Und wie gesagt, meine Frau ist eigentlich eine sehr zufriedene und nicht anspruchsvolle Patientin.*«

Bruno B. hat seine »*Emotionen dann eben schon ein bisschen auf die Seite geschoben*« und will seine Belastungen nicht in eine »*Leidensgeschichte*« umwandeln.

Humor ist für viele Männer eine Möglichkeit, mit all dem Schweren umzugehen. Humor in schwierigen Situationen oder auch im Sprechen darüber hilft, mit dem Ernst, der Last und der Ausweglosigkeit besser zurechtzukommen, was auch Siriopoulos und Kollegen aus ihrer amerikanischen Studie bestätigen[47]. Es beeindruckt auch, wie einige Männer auf diesem Wege versuchen, manche heikle Pflegesituation zu entlasten und ihren Pflegling vor Beschämung zu schützen.

Eugen E. hilft seiner dementen Mutter immer wieder spielerisch über ihre Ausfälle hinweg: »*Manchmal blitzt noch was auf von dem, was bei uns üblich war, wir haben gerne so Wortverdrehungen gemacht, Sprachspiele, und dann ihr spontanes Lachen, wenn sie merkt, das war schon wieder so ein Spiel.*«

Wenn Manfred M. die Verzweiflung seiner Tante über ihren sich immer mehr verwirrenden Alltag spürt, versucht er, »*weil sie eben sehr humorvoll ist, immer wieder Punkte auch zu finden, wo wir dann lachen können, also das entspannt sie unheimlich und das gelingt mir eigentlich auch immer bei ihr.*«

Auch Andreas A. mit seiner belasteten Vaterbeziehung denkt gerne an gute Augenblicke zurück: »*Es gab schon Momente, da hatten wir Spaß miteinander. Wir konnten dann lachen und schäkern und so.*«

Ludwig L. steht humorvoll dazu, dass die Intimpflege mit Ekel und Scham besetzt ist: »*Verdammt und zugenäht noch einmal, das Ausziehen hat vor 30 Jahren mehr Spaß gemacht!*«

Eine besondere Form der emotionalen Verarbeitung des Alltags pflegt Helmut H.: »*Ich schreibe jeden Tag ... Tagebuch. Ich schreib es abends nieder und bin dann auch zumeist ohne Belastung, ich habe es niedergelegt und abgegeben.*«

Walter W.

> »*Einer muss ihm doch die Windeln wechseln.*«

»*Nach dem Tod der Schwiegermutter haben wir beschlossen, den Schwiegervater bei uns unterzubringen, weil er sich allein wohl nicht zurechtfindet und er immer ein bisschen Unterhaltung braucht. Da wir dann die Einliegerwohnung frei hatten, haben wir ihn zu uns genommen.«* So begründet der 57-jährige Walter W. die Betreuung seines heute 90-jährigen Schwiegervaters. Seine Frau geht noch arbeiten, die Schwägerinnen standen nicht zur Verfügung, *»und da ich gleichzeitig in Vorruhestand ging, habe ich die Pflege für ihn übernommen«.* Das ist für ihn etwas Selbstverständliches: *»Meine Großeltern sind auch alle daheim gestorben, sind gepflegt worden von ihren Töchtern oder Schwiegersöhnen. Ich bin das so gewöhnt, das ist das normale Familienverständnis.«* Und schließlich findet Walter W.: *»Er hat uns unterstützt, wo wir es gebraucht haben, und wir haben bei ihm immer mitgeholfen, und von daher ist alles langsam zusammengewachsen. Ja, letztendlich hat man ihn halt mitgeheiratet und so, nach 30 Jahren hat man das festgestellt.«*

Er sieht sich auch gut für diese Aufgabe qualifiziert, da er in seinem Ruhestand einen Hauswirtschaftskurs und verschiedene Kochkurse belegt hat. *»Gekocht und gebacken habe ich immer schon gerne. Das war dann keinerlei Problem. Da habe ich dann noch Knöpfe annähen und bügeln gelernt ... Ja, das hat dann grad alles zusammengepasst. Er kam zu uns und ich hab das alles gekonnt.«* Und schließlich sei das Ganze auch eine *»Organisationsfrage«* und dabei kamen ihm seine beruflichen Erfahrungen als Fachmann für Telekommunikation zugute: *»Ich war schon immer ein guter Organisator.«*

Wirklich pflegen muss er den alten Herrn, der unter allgemeinen Altersgebrechen mit Sturzrisiko und zunehmender Inkontinenz leidet, nicht. *»Ich muss auf ihn aufpassen, dass er sich bewegt, dass er was trinkt. Er* *muss bekocht werden, unterhalten werden und die ganzen Arztbesuche müssen gemacht werden ... Ich versuche ihn ein bisschen aufzubauen, dass er aus sich rausgeht, dass er nicht in Depressionen verfällt. Ich muss gucken, dass er morgens rauskommt. Manchmal fällt er um, dann muss man ihn aufheben.«* Walter W. hat einen Treppenlift ins Haus eingebaut. Morgens, das heißt nach elf Uhr, wenn der *»Nachtmensch«* und *»Spätaufsteher«* aufgestanden ist, kommt der ambulante Pflegedienst; abends übernimmt seine Frau, die Tochter, die Betreuung und Versorgung des Vaters, der dann *»bis nachts um drei Fernsehen guckt«.*

Die beiden Männer kommen insgesamt gut miteinander zurecht, wenn es auch *»manchmal ein bisschen stressig«* ist. *»Ich kenne ihn ja auch schon lange und weiß ihn zu nehmen. Er weiß wahrscheinlich auch, wie er mich nehmen muss, wenn ich manchmal vor mich hin schimpfe.«* Herr W. ist *»ein bisschen robuster im Umgang mit ihm wie seine Tochter«*, was er aber durchaus angemessen findet, da er den Schwiegervater immer wieder *»halt zu fordern«* versuche, was er als den *»Hauptunterschied«* zwischen sich und seiner Frau betrachtet, *»dass die Töchter ein bisschen nachsichtiger sind wie vielleicht der Schwiegersohn«.* Walter W. ist stolz darauf, mit dieser fordernden Haltung den Schwiegervater *»ans Laufen gebracht«* zu haben. *»Da habe ich zu ihm gesagt, wenn du so weitermachst, steht in einem halben Jahr an Weihnachten der Rollstuhl da. Da ist er in den Keller runter, hat geschmollt. »Stell mir den Rollator raus!« Dann ist er das ganze Jahr gelaufen.«* Walter W. spricht dann von der *»Alterspubertät ... unsere großen Kinder sind raus und das große Kind sitzt da unten«.*

Aber das »große Kind« hat als Hochbetagter von seinem Schwiegersohn immerhin noch das Surfen im Internet erlernt. »*Er ist im Seniorenchat und Singletreff, chattet mit fünf bis sechs Frauen aus Paraguay, Australien, England, Kempten und Magdeburg. Da ist er oft bis nachts um zwei, drei Uhr beschäftigt. Da führt er dann Buch, was er welcher Frau erzählt; damit er nichts vergisst, schreibt er Zettelchen ... Und der schreibt den Frauen nur, was sie auch hören wollen ... Er schreibt auch Gedichte, die bring ich dann in Form. Mit der aus Kempten wollte er sich treffen. Da hab ich ihm gesagt, dass das nicht geht. Einen ganzen Tag weg sein geht nicht. Einer muss ihm doch die Windeln wechseln.*«

Angesichts solch spannender Kommunikationskanäle kann man verstehen, dass der 90-Jährige »*zu den Alten nicht gerne geht*«, wenn ihn der Schwiegersohn zum Seniorennachmittag bei der Kirche bringt, »*dass er ein bisschen rauskommt*«. Insgesamt spürt man den beiden ab, dass sie sich manchmal »*schon in den Haaren liegen, gelegentlich auch im Dreier-Pack: Frau, Schwiegervater und ich*«, aber dass sie ihren Alltag offensichtlich auch mit einigem Humor und Spaß beleben. So etwa, wenn Walter W. sich über die Körperpflege des Alten mokiert: »*Manchmal stört mich seine Duftwolke, die er an sich hat. Die ganzen Mittel, die er nimmt ... Wenn er das Fenster aufmacht, gehen dir unter Umständen die Tomatenstöcke ein.*«

»*Im Prinzip habe ich mir den Vorruhestand etwas freier vorgestellt. Könnte mehr wandern gehen oder so, aber jetzt bin ich halt hier*«, konstatiert der »Kooperateur« ohne allzu großes Bedauern. Denn er ist engagiert in seiner Kirchengemeinde, singt regelmäßig im Gesangverein, trägt nachts Zeitungen aus. In der Nachbarschaft, für die er gelegentlich das Straßenfest organisiert, fühlt er sich gut aufgehoben und er erfährt Wertschätzung. So kann er sich darauf verlassen, dass die Nachbarn auch nach seinem Schwiegervater schauen, »*krieg ich immer Meldung*«. Wenn seine Frau Urlaub hat, geht er seiner Leidenschaft, dem Wandern nach, denn »*ein bisschen Auszeit brauch ich auch*«. Seinen großen Wunsch, den »Schwarzwaldwestweg« zu wandern, hebt er sich für später auf.

Offensives Outing

Eine Aufrechterhaltung des bisherigen, normalen Lebens setzt – insbesondere bei demenziell Erkrankten und vor allem in der außerhäuslichen Sphäre – einen offenen Umgang mit der Krankheit voraus. Demenz ist nach wie vor tabuisiert und stigmatisiert, wird versteckt und unsichtbar gemacht und führt so auch zum Verschwinden und zur Isolation der pflegenden Angehörigen. Eine offensive Veröffentlichung der Krankheit, sei es im Freundeskreis, in der Nachbarschaft, am Arbeitsplatz oder in der weiteren Öffentlichkeit, wird von vielen Männern als unerlässlich erkannt und beherzt angegangen.

Ludwig L., der seine frühdemente Frau in ihrem »*ungeheuren Bewegungsdrang*« nicht einschränken wollte, war bewusst, dass dies einen offenen Umgang mit der Erkrankung erfordert: »*Man muss gewisse Informationen weitergeben, die sind zwingend notwendig.*« Seine Offenheit führte manchmal zu so berührenden Begegnungen wie die mit jenem Einzelhändler, der zu den vielen unnötigen Einkäufen seiner Frau einfach meinte: »*Sie bringen mir den Artikel am nächsten Tag wieder!*«

Viel Verständnis und auch Anerkennung erfährt Bruno B. dafür, dass er seine Frau weiter am öffentlichen Leben teilhaben lässt. Zu ihrem auffälligen Verhalten in der Straßenbahn vertritt er inzwischen den Standpunkt: *»Ja, sie ist krank, und wenn es den anderen Leuten nicht passt, dann müssen sie weggucken oder weghören.«*

Helmut H.

> *»Das ist kein Sprint, sondern eine Langzeitangelegenheit.«*

»Ich bin das einzige Kind meiner Mutter, sodass es klar ist, dass es auf mich zugeht, zukommt. Für mich auch kein Problem, weil ich zu meiner Mutter von unten rauf, von ganz unten rauf ein gutes Verhältnis hab, ohne jede Belastung. Sie hat in jeder Situation meines Lebens zu mir gestanden, meine Mutter, in jeder Situation.« Deswegen hat der 59-jährige Helmut H. die *»Überraschung«*, den *»Schock«*, als die beginnende Demenz der Mutter vor zwei Jahren offensichtlich wurde, schnell überwunden und die neue Herausforderung akzeptiert. Zugute kam dem Leiter einer Einrichtung dabei seine dreijährige dienstliche Beurlaubung, die ihm ermöglichte, sich rundum kundig zu machen. *»Und ich habe dann die Aufgabe voll angenommen, mich richtig voll auch reingestürzt, wirklich intensiv damit befasst. Heute, denke ich, kann ich das Fach besser als meine Hausärztin, die Dinge verstehen ... Also ich bin schon darauf aus, dass alles geregelt ist, weil es einfach meine Aufgabe ist. Und wenn ich etwas tue, dann tue ich es schon so, dass ich dann auch über Einzelheiten Bescheid weiß.«*

So hat sich der *»Care-Manager«* auch intensiv in die Materie *»Demenz«* eingearbeitet, *»weil mich das Thema* *einfach interessiert und fasziniert. So dumm wie das klingt, Faszination ist halt etwas, sie erleben eine andere Welt, man muss es sich, glaub ich, so vorstellen, eine andere Welt und da ist alles fremd. Man kommt, sieht etwas, einen Fetzen von meiner Mutter, und will mehr drüber wissen, so viel wie möglich wissen. Ich war am Anfang wie ein trockener Schwamm und bin jetzt noch nicht ganz als Schwamm vollgesogen und kann immer noch was, irgendwas mitnehmen auf so einer Veranstaltung, was das betrifft.«* Derart fachlich gerüstet konnte Helmut H. für seine 90-jährige Mutter die Pflegestufe 2 durchsetzen: *»Ich hab mich da auch kundig gemacht und hab das dann auch sehr stark forciert.«*

Aber obwohl Helmut H. immer *»ein sehr enges Verhältnis«* zu seiner Mutter hatte, war ihm klar, dass auch für diesen neuen Lebensabschnitt der richtige Abstand wichtig ist. *»Also Distanz muss schon da sein! Dass man im gleichen Haushalt lebt, das ist ungewöhnlich und würde ich für verfehlt halten, ich bin seit 30 Jahren schon daheim ausgezogen.«* So ist er froh, dass zwischen den Wohnungen der beiden die gute Distanz von einigen Kilometern liegt. *»Ich will mir einen Lebensbereich, der privat ist, wenn möglich erhalten, jedenfalls so lange wie möglich ... Ich habe dort ein Bett und eine Tasche mit Utensilien, dass ich übernachten kann, immer wenn es erforderlich sein sollte. Ich war schon oft wochenlang bei ihr, wo es noch kritischer war, wo sie unruhiger war.«* Aber auf Dauer dort wohnen, das ist ihm bewusst geworden, das würde *»nicht guttun ... ich habe dort keine innere Ruhe«.*

Möglich ist eine solche »Intimität auf Abstand«, wie dies der Gerontologe Leopold Rosenmayr für ein gedeihliches Zusammenleben der Generationen auf den

Punkt gebracht hat, durch ein gut organisiertes Versorgungsnetz. Zweimal täglich kommt der Pflegedienst, dreimal die Woche eine Nachbarschaftshelferin und an einem Tag geht die Mutter in die Tagesbetreuung. *»Ich habe, wie gesagt, viel delegiert, ich habe von Anfang an gewusst, ich kann nicht alles abdecken. Das weiß ich von der Sitzwache her, dass das nicht geht mit Angehörigen alleine ... Mir war völlig klar, dass ich Hilfe brauche, und zwar von Anfang an. Dass ich schauen muss, wie ich zurechtkomme. Mir war auch gleich klar, das ist kein Sprint, sondern eine Langzeitangelegenheit mit meiner Mutter.«* Und so ist es ihm möglich, gut für die Mutter zu sorgen und dennoch zu sagen: *»Ich hab für mich selber noch Zeit zum Leben.«*

Auch so bleibt für Herrn H. noch genügend zu tun. Er ist jeden Tag bei ihr, kocht oder geht mit ihr zum Essen und macht mit ihr gelegentliche Ausflüge. *»Morgen ist bei Mutter niemand ... Also sage ich zu meiner Mutter: ›Mutter, morgen früh geht es los!‹ Um sieben bin ich bei ihr ... Dusch sie selber, zieh sie an, dann gehen wir ins Auto, dann sitzt sie rein und freut sich ... Trinken wir irgendwo Kaffee, wo eines unterwegs ist, ein Stehcafé oder Sitzcafé. Und dann essen wir gemütlich in einem schönen Gasthof, im Freien, und dann lacht sie, ja, das machen wir.«* Bei allem bewegt ihn *»immer die Frage, was möchte sie? Was tut sie eigentlich? Ich will ihr nicht etwas aufzwingen, was sie nicht will. Es ist ganz wichtig, dass ich ihr nicht irgendwas aufoktroyiere, was sie nicht will ... Ich will ihr, so weit wie möglich, Autonomie erhalten.«*

Helmut H. weiß, dass seine finanzielle und berufliche Situation ihm dieses besondere Arrangement ermöglicht und dass sein Betreuungs- und Pflegemodell nicht ohne Weiteres zu verallgemeinern ist. »*Ich bin schon privilegiert, das muss ich zugeben, das ist klar! … Ich habe schon wirklich ganz besonders gute Voraussetzungen für die Pflege. Andere haben das nicht. Wenn ich dann jeden Tag Stress im Beruf habe, Druck im Beruf habe, Familie habe, die noch drückt, die einfach ihr Recht einfordert, ist es sehr viel schwieriger, das zu machen!*« Und er weiß auch, dass er als Mann privilegierter ist als eine Frau. »*Von mir als Mann, der mit der Pflege bis jetzt nichts zu tun hatte, erwartet kein Mensch irgendwas! Also, ich habe längst nicht den Druck – den ich sowieso nicht spüre, weil das die anderen nichts angeht, was ich tue … Ich muss nicht perfekt sein! … Es erwartet kein Mensch von mir, dass ich jetzt irgendwie Kuchen mache, ich hole halt einen Kuchen vom Bäcker.*«

Gewiss gibt es trotz allem auch für ihn manches, was ihn belastet; besonders bekümmert ihn der zunehmende Abbau seiner Mutter. Da helfen ihm seine gelassene Lebenseinstellung und sein Tagebuch. »*Ich bin da jemand, der sagt, was ich nicht ändern kann, muss ich annehmen. Und ich kann mir auch sagen, es ist, wie's ist. Das klingt jetzt sehr banal oder vielleicht sogar trivial, aber es ist so. Ich schreibe jeden Tag … seit über 20 Jahren Tagebuch, kann dann aber auch Dinge, die mich belasten, ablegen. Ich schreib es abends nieder und bin dann auch zumeist ohne Belastung, ich habe es niedergelegt und abgegeben.*«

Getragen ist das Engagement von Herrn H. durch ein großes Gefühl von Dankbarkeit. »*Ich kann meiner Mutter was zurückgeben. Ich hab zu ihr mal gesagt, du hast für mich so viel im Leben getan, das sag ich ihr oft, ich kann nur ein Bruchteil von dem, was du für mich getan hast, dir zurückgeben; was ich tun kann, tu ich. Insofern*

79

ist es für mich einfacher hierzubleiben, bei meiner Mutter zu bleiben und sie zu pflegen und auf sie aufzupassen und sie einfach zu versorgen, als wie sie jetzt fortzugeben. Das könnte ich gar nicht. Deswegen vermiss ich auch nichts.« Und diese Dankbarkeit im Privaten empfindet Helmut H. auch im Gesellschaftlichen. Sein früheres Engagement als Sitzwache bei Sterbenden im Hospizdienst war ähnlich motiviert: *»Da habe ich einfach gedacht, mir geht es gut. Ich habe ein wirklich sehr unbeschwertes Leben gehabt. Hab meinen Neigungen, die ich im Beruf gehabt habe, wirklich nachgehen können, und ich habe gedacht, ich will auch etwas zurückgeben! Es kann nicht sein, dass ich nur da bin und locker flockig vor mich hin lebe, was ich schon getan habe.«*

Umsichtig, wie Herr H. ist, hat er sich auch über die Zukunft seine Gedanken gemacht, wenn für den Hilfebedarf der Mutter das jetzige Arrangement nicht mehr ausreichen sollte. *»Und dann haben wir im Haus noch ein paar Zimmer, ich kann versuchen einen Pflegedienst ins Haus zu holen, einen osteuropäischen … Ich will jetzt beide Zimmer unten ausräumen, das ist meine nächste Aufgabe, die ich machen will im Herbst; dass ich auf jeden Fall gerüstet bin, falls mal da in der Richtung ein Bedarf entstehen sollte.«* Aber auch das könnte nur die vorletzte Station sein: *»Ich weiß, dass am Ende meistens ein Heimaufenthalt steht. So bitter das klingt, ich hab mich auch schon kundig gemacht, in welche Heime ich gehen würde … Ich kenne aufgrund meiner Tätigkeit in der Sitzwache viele Heime, also, ich könnte mir bei ein paar vorstellen, selber drin zu wohnen, aber in der übergroßen Mehrzahl, da wollte ich wirklich nicht sein … Weil man oftmals unbegründeterweise sagt, ein Heim ist immer schlechter, es ist nicht so, dass es immer schlechter ist, es*

> *kann auch sein, ein Heim ist mal besser, wenn die Ge-*
> *duld oder wenn die Nerven – man kann nie wissen, ob*
> *die Anspannung irgendwann mal so groß wird ... dass es*
> *besser ist, bevor es dann zu einer Eskalation kommt ...*
> *dann doch eine Heimunterbringung zu bevorzugen.«*

Pflege als Herausforderung

Für die meisten Männer sind Betreuung und Pflege vollkommen neue Herausforderungen, auf die sie, anders als
viele Frauen durch die frühere Kinderbetreuung, in keiner
Weise innerlich und äußerlich vorbereitet sind. So gilt es
zunächst einmal, sich die nötigen Informationen über die
ihnen bislang unbekannte Krankheit zu besorgen, sich
dann die hauswirtschaftlichen und alltagspraktischen Fer-
tigkeiten anzueignen und schließlich auch ausreichende
pflegerische und medizinische Kompetenzen zu erwerben. Von solchen Versuchen, die Krankheit zu verstehen
und alle erforderlichen Kompetenzen zu erwerben, berichten auch Manfred Langehennig, Karen Parsens und
Phyllis Braudy Harris[48] in ihren Untersuchungen.

Vor allem bei demenziellem Abbau ist die Informations-
beschaffung häufig ein langer Suchprozess. Was zunächst
noch als emotionale Probleme oder situativ unangemesse-
nes Verhalten interpretiert wird, braucht oft lange, bis es
als Symptom einer Demenz eingeordnet und akzeptiert
werden kann. Wo sich selbst Haus- und Fachärzte irren –
bei Paul P. waren es fünf Jahre, bis seine Frau die richtige
Diagnose bekam –, sind die Betroffenen oft sehr lange alleine mit ihrem Leiden. Bei vielen Männern ist die erste
und wichtigste Informationsquelle das Internet, wo im
Schutz der Anonymität auch intime und schambesetzte
Fragen gestellt und Wege aus der Isolation gefunden wer-

den können. Weitere Hilfestationen sind Beratungsstellen, Selbsthilfe- und Angehörigengruppen, Gedächtnis-Kliniken und Alzheimer-Zentren, wie das in Bad Aibling, wo viele Männer wichtige Informationen, praktische Pflegetipps und vor allem auch innere Stärkung erfuhren.

Welche aus Expertensicht erstaunlichen Barrieren zu überwinden sind, verdeutlicht Ludwig L. Die Erkrankung seiner Frau wurde als »*frontotemporale Demenz*« diagnostiziert, womit sich Herr L. als »Einzelkämpfer« zunächst sehr alleingelassen fühlte. Denn wo alle Broschüren mit Alzheimer betitelt waren und nicht mit Demenz, dauerte es eine ganze Zeit, bis der medizinische Laie seine Informationen fand.

Für Helmut H. war die Demenz seiner Mutter eine Herausforderung: »*Und ich habe dann die Aufgabe voll angenommen, mich richtig voll auch reingestürzt, wirklich intensiv damit befasst. Heute, denke ich, kann ich das Fach besser als meine Hausärztin.*«

Seine eingeschränkten deutschen Sprachkenntnisse hinderten den Bauarbeiter Cedomir C. nicht, sich zu behaupten – wenn nötig auch per Rechtsschutz: »*Manchmal kriegt man nix ohne Anwalt. Den bezahle ich mit meine niedrige Rente, auf meine gute Sparen.*«

Paul P.

»*Man fällt in ein tiefes, tiefes Loch.*«

50 Jahre alt war sie erst, als sich bei Frau P. die ersten Symptome einer beginnenden Demenz zeigten. Über fünf Jahre wurde sie mit der Diagnose »Depression« von Hausarzt und Neurologe falsch behandelt, bis – inzwi-

schen war ihr am Arbeitsplatz bereits gekündigt worden – endlich in der Klinik »Alzheimer« diagnostiziert wurde. »*Bei der Diagnose von meiner Frau bin ich also in ein sehr tiefes Loch gefallen und aus dem bin ich heute noch nicht draußen … und werde auch vermutlich nie rauskommen. Das belastet mich also psychisch noch sehr stark, dass meine Frau Alzheimer hat und dass dadurch mein und ihr Leben damit eigentlich sehr, sehr eingeschränkt ist.*« Der heute 56-jährige Paul P. ist seit vier Jahren zu Hause und pflegt seit zwei Jahren seine mittlerweile in der Pflegestufe 2 diagnostizierte Frau. »*Sie kann nichts mehr alleine machen. Ich muss also alles für sie machen … Sie kann auch nicht alleine vom Bett aufstehen, sie weiß die einfachsten Handhabungen nicht mehr, sie kann also auch nicht mehr alleine essen … Ich habe das erst im Lauf der Zeit gelernt, dass ein Alzheimerkranker die einfachsten Handgriffe, die er in seinem Leben gelernt hat, nicht mehr kann. Also zum Beispiel, als ich im Frühstadium von der Alzheimererkrankung zu ihr gesagt habe, jetzt gehen wir ins Bett, da wusste sie nicht mehr, was das Bett ist, sie wusste nicht mehr, wie man sich ins Bett, ob man sich überhaupt reinlegt.*«

Unterstützt wird Paul P. morgens von einem ambulanten Pflegedienst, zweimal die Woche kommt eine Haushaltshilfe, »*die zweimal vier Stunden, da lege ich alle Termine rein, die bei mir in der Woche auflaufen. Die sind also überwiegend Arzttermine, meine eigenen, ich habe noch Parkinson im Frühstadium.*« Die übrige Zeit ist Herr P. mit gelegentlicher Unterstützung seines Sohnes rund um die Uhr für seine Frau da. »*Sie braucht, wenn sie wach ist, 100-prozentige Aufsicht, nicht nur wegen … ihrer Alzheimererkrankung, aber speziell jetzt wegen Diabetes.*« Ein Diabetes vom Typ 1 ist es, der eine stete

Aufmerksamkeit erfordert, »*weil die ... die Blutzucker-schwankungen sind relativ groß. Auch wenn ich sie, sie ist exakt eingestellt, aber auch wenn ich sie richtig messe und richtig spritze, kann es trotzdem sein, dass ... auch Situationen entstehen, wo sie in Unterzucker kommt, und dann braucht sie natürlich absolute Hilfe, weil dann weiß sie selber überhaupt nicht mehr, was sie machen soll. Sie weiß übrigens selber auch nicht, wenn sie unter Zucker kommt, sie merkt es nicht, sie liegt einfach dann da, platt oder taumelt oder stürzt hin oder so.*« Frau P. ist noch mobil, hat jedoch völlig die Sprache verloren und erkennt inzwischen auch ihren Mann nicht mehr.

Als Frau P. nach einem Psychiatrieaufenthalt völlig inkontinent wieder nach Hause kam, sah sich Paul P. am Ende seiner Möglichkeiten. »*Alles, was ich da geübt habe, den ganzen Toilettengang – da braucht man Geduld dazu, da geht man halt zehnmal vielleicht umsonst raus, aber einmal klappt's – hat sie in der Zeit im Krankenhaus vergessen und war nachher inkontinent ... Und dann war ich dann ... völlig überfordert mit der Situation, mit der Inkontinenz. Das ist eigentlich ein Punkt, der sicher auch für viele andere Männer zutrifft. Weil ... bei unseren Kindern war es so, meine Frau hat sie gewickelt und ich habe mich da immer darum gedrückt, also, ich bin da so gut wie nie zusammengekommen mit dem Problem Urin und Stuhlgang und so weiter ... Wenn ich das vorher schon gewöhnt gewesen wäre, dann wäre vielleicht der Schritt zur Inkontinenz von meiner Frau kleiner gewesen, aber da war der Schritt noch viel, viel zu groß, als dass ich die Pflege übernehme.*« So brachte Paul P. seine Frau in ein Pflegeheim, wo sie aufgrund von »Weglauftendenzen« bald geschlossen untergebracht wurde.

Doch nach einigen Monaten nahm er seine Frau wieder nach Hause, weil Paul P. den Eindruck hatte, dass das Pflegepersonal »*Diabetiker mit Typ 1 nicht in der Lage sind zu behandeln ... weil ich Angst gehabt habe, dass auf Dauer sich gravierende Folgeschäden ... ergeben.*« Außerdem gab es einige Heimbewohner »*und das war für mich sehr, sehr deprimierend, die waren aggressiv und haben auch geschlagen und gebissen*«. Ein weiteres Motiv war sein schlechtes Gewissen, »*dass ich gemerkt habe, ich kann noch pflegen, ich bin körperlich, geistig, psychisch und physisch noch in der Lage und ich pflege nicht. Ich habe also meine Frau ins Pflegeheim abgeschoben, das war eigentlich mit der Hauptgrund, das hat mich schon von Beginn an irritiert, dass ich zu Hause war und ich hätte noch pflegen können, habe aber die Pflege nicht genommen, weil ich einfach damals buchstäblich Angst gehabt habe, die Pflege wegen der Inkontinenz zu machen.*« Und so ist Herr P. heute insgesamt mit seiner Situation wieder zufriedener, »*weil ich einfach gemerkt habe, ich kann pflegen, ich habe jetzt viel dazugelernt, ich bin körperlich in der Lage und es ist meine Frau und ich will pflegen ... und die ganze Belastung, die ich dadurch gehabt habe, dass ich meine Frau ins Pflegeheim abgeschoben habe, die habe ich jetzt natürlich nicht mehr. Mir bringt's insofern was, dass ich merke, ihr tut es gut, und ich merke auch, dass es was bringt, speziell jetzt wegen Diabetes.*«

Und so reifte in ihm der Entschluss: »*Ich habe meine Frau beobachtet, eignet sie sich überhaupt für eine Pflege zu Hause oder muss sie nicht im Pflegeheim bleiben, kann ich das wirklich machen, geht das? Es war also ein Prozess von zirka zwei Monaten ... also, das geht nicht von heute auf morgen, jemand aus dem Pflegeheim raus-*

nehmen, sondern das muss man genau planen.« Er beschaffte ein Pflegebett, *»habe dann ihre sämtlichen Ärzte abgeklappert und habe mit denen gesprochen«,* und sorgte im Pflegeheim für seine ausreichende Qualifizierung. *»Bin dort einmal ein paar Tage geblieben ... von morgens bis abends und habe denen zugeschaut, wie die was machen ... wie geht man mit Inkontinenz um, wie geht man mit Füttern um, wie geht man überhaupt mit jemand um, der zu pflegen ist, und habe mir dort ein gewisses Pflege-Know-how zugelegt.«* So bezeichnet er sich einerseits als *»ihr Pfleger«,* legt andererseits Wert auf die Feststellung: *»Ich bin auch noch ihr Mann und sie ist noch meine Frau, sonst hätte ich sie ja nicht zurückgeholt aus dem Pflegeheim. Also, ich bin schon noch für sie da, nicht nur zur Pflege, sondern auch für sie als Ehemann. Nicht noch für sie da, sondern ich bin da.«*

Weiteres wichtiges Know-how bezieht Herr P. in seinen wenigen freien Stunden vor Mitternacht aus dem Internet, *»da bekommt man wohl nicht immer eine Antwort, aber man bekommt eine Antwort darauf, wo man dann anrufen kann und wo man dann dafür eine ergiebige Erklärung für das Problem bekommt«.* Auch eine Angehörigengruppe hatte er ein paar Mal besucht, fühlte sich aber zum einen mehr be- als entlastet, da *»dort Schicksale herausgekommen sind, die mich noch mehr belastet haben. Also von anderen, und das wollte ich auf gar keinen Fall. Ich war damals in einem tiefen Loch gesessen und durch die Diagnose von meiner Frau so stark belastet, dass ich mir das nicht zumuten wollte, auch noch das von den anderen.«* Zum anderen fehlte ihm in der Gruppe Seinesgleichen. *»Die sind zusammengesetzt worden aus lauter Kindern oder Schwiegerkindern von Betroffenen, also von Altersdemenzkranken, die waren teilweise schon*

90, und da war dann meistens die Schwiegertochter da, die die Schwiegermutter gepflegt hat. Und die Sorgen, die eine Schwiegertochter hat für die Schwiegermutter, sind ganz anders gelagert wie für einen Ehepartner. Ein Ehepartner ist viel, viel mehr betroffen von der Krankheit von seiner Ehefrau oder von seinem Ehepartner. Kinder oder Schwiegerkinder, denen wird ihr Leben dadurch nicht zerstört, aber mein Leben ist durch ihre Krankheit mit zerstört worden. Ich habe also ganz andere Sorgen gehabt.«

So steckt der frühere Versicherungskaufmann nun in einer ganz engen Pflegesituation, aus der er physisch und psychisch kaum noch herauskommt. Die Wohnung im dritten Stock wird immer mehr zum Gefängnis für seine Frau, *»im super Ausnahmefall kann man sie raustransportieren, aber sie kann überhaupt nichts mehr ... sie kann auch nicht mehr ins Auto einsteigen ... genauso mit dem Treppensteigen, das ist ein absolutes Problem, runter geht's vielleicht, aber hoch wird es ganz, ganz schwierig«.* Und auch für ihn selbst sind die wenigen freien Stunden nicht wirklich frei: *»Die Zeit, wenn ich spazieren gehen kann, fällt mir schwer. Ja, es klingt etwas paradox, ist aber wirklich so. Da habe ich endlich einmal Freizeit, aber ich kann nichts damit anfangen, leider, weil ich jetzt 41 Jahre verheiratet bin und 40 Jahre lang immer mit meiner Frau ausgegangen bin ... Wir haben alles gemeinsam gemacht, das heißt, ich kann mit mir alleine noch nichts anfangen, das muss man erst lernen, ich bin dabei, das zu lernen, war aber ein harter Prozess, muss ich ehrlich sagen ... Das ist auch ein ganz, ganz schwieriger Punkt, dass jemand als Familienmensch auf einmal alleine dasteht.«* Einmal monatlich trifft er sich mit Freunden, weitere Unterstützung bekommt er in regelmäßiger psychologischer Beratung.

Ihm ist wichtig, »*dass jemand zur Seite ist, der nicht nur so oberflächlich tröstet, sondern der wirklich Tipps geben kann, die demjenigen was nützen, der in das Loch reingefallen ist, dass er wieder rauskommt. Aber ich denke mal, dass da vielleicht nur Profis gefragt sind.*« Seine Einsamkeit ist für ihn oft nur schwer auszuhalten.

Wie sein Leben einmal weitergehen könnte, weiß der »erschöpfte Kooperateur« nicht. Er fragt sich, ob er eines Tages »*nochmals durchstarten kann ... dass ich vielleicht noch einmal eine Partnerin bekommen könnte ... Also, dass ich alleine weiterleben wollte, das wollte ich nicht. Weil mir schon klar ist, dass ich ein Familienmensch bin und nicht alleine weiterleben möchte.*« Aber er ist sich seiner Situation nur zu gut bewusst, wenn er etwas resignativ feststellt: »*Es bestehen keine Pläne, ich lass es auf mich zukommen ... Pläne zu machen bringt nichts, die lassen sich meistens nicht verwirklichen ... Alles, was ich mir gedanklich vorgelegt habe und an Plänen gemacht habe, ist nicht eingetroffen, nicht so eingetroffen.*« Gleichzeitig hat Paul P. in den elf langen Betreuungs- und Pflegejahren auch eine große Gelassenheit entwickelt: »*Alle Probleme, die auf mich zugekommen sind, konnte ich irgendwann bewältigen. Und speziell jetzt das Problem mit der Inkontinenz, da bin ich jetzt richtig stolz auf mich, dass ich das jetzt in Eigenregie bewältigen konnte.*«

Produzentenstolz

Viele Männer sind stolz auf ihre neu erworbenen Kompetenzen, beziehen daraus eine von Langehennig als »Produzentenstolz« bezeichnete Befriedigung[49].

So wie Cedomir C., der stolz darauf ist, *dass »viele Leute kommen bei uns zum Lernen, wegen Hygiene«, oder seine Kochkünste selbstbewusst taxiert: »Ich koche besser wie drei Damen.«*

Für Dieter D. war die gesamt Haushaltsführung neu. In der Rückschau kann er der schweren Zeit diesbezüglich etwas abgewinnen. *»Das Positive jetzt für mich, das ist eigentlich, dass ich so im Laufe der Zeit in den gesamten Haushalt reingewachsen bin, mit Einkaufen, mit Putzen, mit Waschen, mit Bügeln und all diesen Dingen, die ganze Hausarbeit. Auch zum Teil kleinere Sachen, Kochen und so, das empfinde ich eigentlich als sehr positiv, weil seit meine Frau tot ist – ich meine, ich habe keine Probleme hauswirtschaftlicher Art.«*

Der 87-jährige Franz F. bezieht viel Befriedigung aus seiner Pflegequalität. *»Sie wundern sich selbst, wenn sie kommen aus dem Krankenhaus [und sagen], und ja, das ist richtig so, alles sauber, ist alles gemacht ... Sind viele Leute, die sich nicht dreimal in der Woche ganz körperlich waschen. Und ich dreimal in der Woche unbedingt.«*

Zu Dieter D. sagte der Hausarzt: *»Sie müssen quasi drei Schichten abdecken. Was in den Krankenhäusern drei machen, müssen Sie als Einziger, als Einzelner machen.«* Und er wundert sich, *»dass ich das überhaupt durchgehalten habe«*.

In Paul P., der seine Frau in einem Pflegeheim untergebracht hatte, reifte der Entschluss, seine Frau wieder
nach Hause zu holen. Er beschaffte ein Pflegebett,
sprach mit all ihren Ärzten und sorgte im Pflegeheim für
seine ausreichende Qualifizierung. »*Alle Probleme, die
auf mich zugekommen sind, konnte ich irgendwann bewältigen. Und ... da bin ich jetzt richtig stolz auf mich,
dass ich das jetzt in Eigenregie bewältigen konnte.*«

Wie Rainer R. sind viele Männer davon überzeugt, dass
ihre Pflege- und Betreuungsleistungen von sonst nie-
mandem und an keinem anderen Ort in dieser Qualität
erbracht werden könnten. »*Das könnte auch kein Pflegeheim, das sehe ich, das ist mir vollkommen klar. Wie
sollte das sein?*«

Rainer R.

>> *Und wenn man es muss, dann geht es auch.*«

Rainer R. tut alles für seine Frau, »*alles, bis aufs Kochen,
also Kochen ist nicht meine Stärke*«. Im Laufe der sie-
benjährigen Betreuungs- und Pflegezeit seiner demenziell erkrankten Frau hat er sich alles Nötige angeeignet. Und der ehemalige Buchhalter ist über seine
Entwicklung selbst erstaunt: »*Also, also jetzt mal ganz
krass gesagt, ich hätte mir nie früher vorstellen können,
dass ich meiner Frau mal den Po abputzen muss. Also,
allein die Vorstellung, das war unvorstellbar, das kannst
du nicht. Aber das geht komischerweise. Das kommt,
wenn man muss, geht's. Und ich hab auch kein Problem
damit.*« So ist der 88-Jährige heute, mit Unterstützung
eines Pflegedienstes, rund um die Uhr für seine Frau da
und sorgt für sie umfassend und liebevoll: »*Das könnte*

90

auch kein Pflegeheim, das sehe ich, das ist mir vollkommen klar. Wie sollte das sein?«

Als vor sieben Jahren bei seiner damals 73-jährigen Frau die Anzeichen einer beginnenden Demenz nicht mehr zu übersehen waren, stellte sich den beiden die Zukunftsfrage: *»Sie wollte absolut nicht ins Heim, sie will absolut nicht in ein Heim, und ich hab ihr dann auch gesagt, ich bleibe, wir bleiben immer zusammen ... Wenn man so lange verheiratet ist, über 60 Jahre, dann läuft man sowieso nicht mehr voreinander weg, bin ich der Meinung.«* Dabei kam und kommt ihm zugute, dass sie immer ein eng aufeinander bezogenes Paar waren. *»Also, das war bei uns eigentlich Zeit unseres Lebens, dass wir alles zusammen unternommen haben. Wir sind zusammen in den Urlaub gefahren, wir sind sonntags zusammen spazieren gegangen ... ich war in keinem Verein, ich bin kein Wirtshausgänger – also, jetzt sagen Sie nicht, der ideale Mann (lacht).«* Durch die Pflege *»hat sich eigentlich bei mir an dem Tagesablauf nicht so viel geändert und mir ist das auch nicht schwergefallen«.* Auch wenn sie eine Ehe mit klassischer Rollenverteilung geführt hätten, fällt ihm die Rolle als Versorger und Geber nicht schwer. *»Ich war halt eben auch nie der Typ, der sich hat gern bedienen lassen, ich weich da vollkommen von dem Männerbild ab. Ich hab lieber bedient als bedienen lassen.«*

Das eingeschränkte Sozialleben des Ehepaars erleichterte nach einem Krankenhausaufenthalt der Frau den Entschluss, ihr Haus und die angestammte Heimat aufzugeben und in die Nähe der Kinder in eine betreute Wohnung zu ziehen. Nun haben Sie alles in der Nähe, was sie brauchen – Arzt, Apotheke, Einkaufsmöglichkeiten, einen zuverlässigen Pflegedienst, Sohn und Schwiegertochter sowie eine Haushaltshilfe. Sein Lebensinhalt ist ganz und gar seine Frau – um sie uneingeschränkt betreuen zu können, hat er sich sogar gegen eine eigentlich anstehende Operation und für eine begleitende Therapie entschieden. »*Ich bin froh, dass es meiner Frau noch so gut geht, ändert sich ja von Tag zu Tag, mal ist sie gut gelaunt, mal lacht sie schon morgens, spricht schon mit den Pflegerinnen oder mit mir. Mal spricht sie den ganzen Tag nicht mit mir.*« Obwohl der sprachliche Austausch immer schwieriger wird und seine Frau ihn inzwischen gelegentlich nicht einmal mehr erkennt, hat sich Ihre Beziehung intensiviert. »*Ich möchte auch sagen, dass wir uns eigentlich nie so nahe waren als wie jetzt. Als jeder noch so ... selbst vor sich hinleben konnte, da war man egoistischer, aber wir sind uns jetzt eigentlich in der Zeit der Krankheit da schon ein gutes Stück nähergekommen.*«

Auch wenn sie sich das Alter anders vorgestellt hatten, ist Rainer R. insgesamt dankbar, »*denn es ging uns lange, lange Jahre so gut*«. Er hofft gesund zu bleiben, um seine Frau weiter pflegen zu können, denn »*dass ich meine Frau bei mir behalten will, solange es mir möglich ist, das ist keine Frage ... Meine Hoffnung ist, dass meine Frau vor mir stirbt, das ist hart gesagt, aber es ist so. Denn wenn ich vor ihr sterbe, wie das werden soll – denn dann müsste sie in ein Heim – und wie das vom Finanziellen her zu verkraften ist, weiß ich nicht. Das macht mir natürlich auch noch Sorgen.*« Bei aller Sorge sieht Rainer R. mit der Gelassenheit einer langen Lebenserfahrung den noch kommenden möglichen Herausforderungen entgegen: »*Man muss halt eben im Alter vieles auf sich zukommen lassen, das bringt nichts, sich vorher verrückt zu machen, muss man halt sehen, wie es dann zu bewältigen ist.*«

Organisation und Management

Viele Männer betrachten Betreuung und Pflege als eine organisatorische Herausforderung, als eine Frage guten Managements, wofür sie meist auf berufliche Erfahrungen und Kompetenzen zurückgreifen können. Das beginnt bei ganz praktischen Schritten wie dem Einbau eines Treppenlifts und anderen technischen Lösungen, wie etwa der Fahrzeugumbau von Ignatz I.; das geht weiter bei einer möglichst barrierefreien Gestaltung der Wohnung oder führt auch zu einem Wohnungswechsel, wie bei Rainer R., der mit seiner Frau ins betreute Wohnen in die Nähe seiner Kinder gezogen ist; das reicht bis zu einer rationalen Planung und Organisation des Alltags, wie das etwa der »Dienstplan« von Oskar O. erkennen lässt, oder der Steuerung des Hilfesystems durch Theodor T.

Diese Tendenz vieler Männer, Pflege als Arbeit zu betrachten, die sie mit Managementtechniken bewältigen, wird auch in vielen anderen Studien beschrieben. Toni Calasanti spricht davon, dass Männer innerlich besser das »caring for« und »caring about« trennen können, also die emotionalen und funktionalen Aspekte von Pflege; nach Edward Thompson schützt die professionelle Haltung den Mann davor, in der Pflege unterzugehen[50]. Diese Haltung erlaubt Männern unter anderem auch, ihre männliche Identität in einer weiblich konnotierten Sphäre aufrechtzuerhalten.

Die Bandbreite einer solchen Manager-Haltung kann von einer klaren Rollenteilung zwischen Koordinator und Pflegenden bis zu einem umfassenden Alltagsmanagement als Bemühen, in der Fülle der Aufgaben nicht unterzugehen, reichen.

Zino Z., Führungskraft in einem Industriebetrieb, sagt von sich, »*dass ich eher diese Koordination mache ... den ganzen Verwaltungskram, alles, was so mit Bank, Behörden zu tun hat, tausend Sachen, also diese Administration daheim*«. Er hält wenig davon, »*dass da viele Leute drin rummosten*«. Der Bruder kümmert sich um Haus und Garten, die Schwägerin ist für die »*haushaltsnahen Sachen*« zuständig.

Eugen E. hat für seine Mutter eine Haushaltshilfe eingestellt und bezeichnet sich als »*Pflegemanager*«, der sich um alles andere kümmert. »*Ich bin fast täglich mal kurz präsent und helfe aus, schaue nach dem Rechten, bin zwei oder drei Stunden auch alleine mit der Mutter und am Nachmittag.*«

Theodor T. sieht sich einerseits als »*Pflegemanager*«, wenn er den Dienstplan für die Versorgung seiner Tante koordiniert, betreut andererseits in seinen Einsatzzeiten die alte Dame wie alle anderen Verwandten.

Walter W. sieht die ganze Pflegesituation als eine »*Organisationsfrage*«, für die ihm seine beruflichen Erfahrungen zugutekommen: »*Ich war schon immer ein guter Organisator.*«

Theodor T.

> »*Das konnten wir nur gemeinsam schaffen.*«

Zeitlebens hatte sich die ledige und allein lebende Tante liebevoll um ihre vier Neffen und Nichten gekümmert, hatte immer Zeit und ein offenes Ohr für die Kinder, brachte ihnen Spiele bei, war eine begeisternde Vorleserin. So war es »*ein positives Pflichtgefühl*«, das dazu führte, dass sich die Neffen und Nichten nun um ihre 88-jährige, altersschwache Tante kümmern und ihr eine Heimunterbringung ersparen wollten. *»Sie war eine unglaubliche Bereicherung für unsere Jugend, wir haben so viel von ihr bekommen, dass wir ihr etwas davon zurückgeben wollten«*, sagt der 70-jährige Theodor T., der für das *»Pflegemanagement«* verantwortlich war.

Das heißt, der »Care-Manager« tüftelte mit seinen Mitstreitern einen verbindlichen Dienstplan aus, der die Betreuungszeiten gerecht und immer vier Wochen im Voraus verteilte und damit jedem für seine sonstigen Aktivitäten und Urlaube verlässliche Planungssicherheit gab. Als die alte Dame dann zunehmend gebrechlicher wurde, reicherte er ihren bisherigen *»Betreuungs- und Pflegemix«* mit Nachbarschaftshelferinnen und Pflegekräften von der Sozialstation an. So blieben die Belastungen für Herrn T. und seine Verwandten so im Rahmen, dass sie Ihre alte Tante bis zu Ihrem Tod mit 92 gut und ohne über ihre Kräfte zu gehen versorgen konnten.

»Ich habe viel Dankbarkeit von meiner Tante zurückbekommen«, erinnert sich Herr T., spricht von der Befriedigung und der Freude dieser Kümmerarbeit, *»und wir sind uns – fast wie in den Kindertagen – nochmals sehr nahegekommen«*. Aber was ihm genauso wichtig ist: Das Altern der Tante hat ihn sehr zum Nachdenken über sein eigenes Alter angeregt. Dabei wurde ihm klar, wie wenig pflegefreundlich sein Haus ist, und er will sich deswegen jetzt daran machen, die Erdgeschosswohnung barrierefrei umzugestalten; seine Frau weiß, dass er sich für die letzte Lebenszeit eine Heimunterbringung vorstellen kann, seitdem er auch die Grenzen der häuslichen Pflege erfahren hat. Das Beispiel seiner Tante vor Augen, die ein großes Bedürfnis nach Kontak-

ten hatte, ist ihm schließlich bewusst geworden, »*dass man das Alter äußerlich und innerlich so gestalten muss, dass es trotz Immobilität erfüllt sein kann*«. Unter anderem hat er deswegen damit begonnen, von allen Spielfilmen, die ihn in seinem Leben bewegt haben, eine DVD-Sammlung anzulegen.

Herr T. ist ein Mann, der eigentlich immer schon alleine sein konnte: »*Ich brauche meine absoluten Rückzugszonen, aber ich weiß auch, wie gut mir immer wieder Kontakte und der Austausch tun.*« So hat er als Gegengewicht ein Kontaktnetz von rund 20 Menschen, mit denen er regelmäßig ein- oder zweimal im Jahr ein Treffen plant und so – meist verbunden mit einer Wanderung – dafür sorgt, dass er im Alter nicht vereinsamen wird.

Paternalistische Haltung

Mit dem Beginn eines Betreuungs- oder Pflegeverhältnisses läuft die gewöhnlich gegebene Symmetrie zwischen Ehepaaren Gefahr, in eine Asymmetrie zu geraten. Aushandlungsprozesse auf gleicher Augenhöhe zwischen Ehepartnern oder erwachsenen Kindern und ihren Eltern können sich mit einer ärztlichen Diagnose oder der Begründung eines Pflegeverhältnisses in ein Oben und Unten verschieben. Dies kann eine fürsorgliche, pädagogische Haltung sein, die nach den Grundsätzen der in der Altenpflege gängigen aktivierenden Pflege dazu beitragen soll, Kompetenzen zu erhalten oder neue Ressourcen zu erschließen.

Als Andreas A. seinen Vater zu sich nach Hause geholt hatte, mutete er ihm sogleich ein konsequentes Orientierungstraining zu: »*Also, ich bin mit ihm am Anfang die Strecke runter ins Dorf gelaufen, drei, vier Mal, hat immer geklappt, er hat sich nie verlaufen, obwohl er dement war. Aber ich habe ihm einfach diesen Weg durch das mehrmalige Mitgehen so eingetrichtert, dass es ging.«*

Norbert N. nimmt seine Mutter zu allen Besorgungen mit: *»Ich hätte ja schon längst … die Miete als Dauerauftrag nehmen können, aber so hat man mal immer wieder eine Überweisung ausgefüllt, sodass sie immer wieder den Weg hatte, zur Bank zu gehen und dort mit den Leuten ein bisschen zu reden, zu schwätzen.«*

Walter W. rechtfertigt seinen fordernden und etwas *»robusten Umgang«* mit seinem Schwiegervater damit, dass er ihn nur so wieder *»ans Laufen gebracht«* habe.

Bei belasteter Beziehung kann sich diese fürsorgliche Elternposition in eine kritische, abwertende Haltung verschieben, um Bedürfnisse und Wünsche der Gepflegten abzuwehren.

Ulrich U. macht keinen Hehl daraus, dass sein Verhältnis zum Vater nicht das Beste ist. Entsprechend seinem Verständnis von *»aktivierender Pflege«* ist der Sohn davon überzeugt, *»er könnte viel mehr machen, aber irgendwie hat er halt entweder kein Bock oder gefällt ihm das, dass er da von vorne bis hinten so bedient wird … Die Älteren spielen ja auch ihre Spielchen.«*

Ganz enge Pflegeverhältnisse erinnern gelegentlich an Symbiosen zwischen Müttern und Kleinkindern, wo sich die Welt nur noch um das Kind dreht, wo für nichts anderes mehr Zeit bleibt und Ansprüche der Erwachsenenwelt ausgeblendet und abgewehrt werden. Energie für die Gestaltung eines Lebens jenseits des Pflegeverhältnisses kann und muss nicht mehr aufgebracht werden.

Dies bestätigt Dieter D. nach seiner langen Pflegezeit: *»Da sind Sie so eingespannt, da kommt Ihnen das – das Bedürfnis ist eigentlich gar nicht so hochgekommen, da sind Sie immer am machen.«*

Wenn Jochen J. einmal eine seiner seltenen längeren Auszeiten bekam, dann ist das für ihn *»äußerst schwierig gewesen, weil es war bei mir also so, dass ich praktisch nicht abschalten konnte. Das braucht, so wie ich das sehe, längere Zeit, bis ich wenigstens so weit bin, dass ich mich noch einigermaßen von dem Ganzen lösen kann. Das hockt einem doch in den Kleidern.«*

Paul P. stellt resigniert fest: *»Es bestehen keine Pläne, ich lass es auf mich zukommen … Pläne zu machen bringt nichts, die lassen sich meistens nicht verwirklichen … Alles, was ich mir gedanklich vorgelegt habe und an Plänen gemacht habe, ist nicht eingetroffen, nicht so eingetroffen.«*

Xaver X. war im Interview vollständig auf seine Frau fixiert. Der aus Bulgarien stammende 70-Jährige sprach, spielte und sang mit der schwer Alzheimer-Kranken wie mit einem Kleinkind und brach das mühsam geführte Gespräch bereits nach einer viertel Stunde wieder ab, da es für seine Frau zu beunruhigend wäre.

Ulrich U.

»Ich komm aus der Nummer nicht raus.«

Ulrich U., 51, lebt mit seinem Vater seit seiner Kindheit und nach dem frühen Tod seiner Mutter alleine zusammen. Er macht keinen Hehl daraus, dass sein Verhältnis zum Vater nicht das Beste ist. *»Das ist bei mir jetzt eher nicht so ausgeprägt und man muss sich da halt irgendwie mit der Situation abfinden, man muss da klarkommen damit.«* Der gelernte Mechaniker reduzierte vor vier Jahren den Umfang seiner Vollzeitstelle auf vier Tage, *»weil ich es einfach nicht hinbekommen hab, allein mit den Arztterminen und diesen ganzen Geschichten«.* Jetzt versorgt er den schwer sehbehinderten, aber noch einigermaßen selbstständigen 92-Jährigen mit Unterstützung eines Pflegedienstes, *»weil ich halt nicht will, dass er den ganzen Tag alleine ist«.*

Vor seinem Arbeitsbeginn weckt Herr U. den Vater *»aus dem Grund, dass er halt dann nicht liegen bleibt … und gerade das mit seinem Herz … und so ist es auch wichtig, dass er ein bisschen Bewegung hat«.* Mittags verzehrt er mit seinem Vater das angelieferte »Essen auf Rädern«. Abends *»verbringen wir nicht so viel Zeit zusammen. Wenn jetzt das Wetter gut ist, sitzt er oft draußen im Garten, ansonsten vor dem Fernseher … Da habe ich jetzt auch keine Not damit, dass ich jetzt hinsteh und sage ›Wir machen jetzt Programm‹ … Es ist alles eingeschränkt, er hört schlecht, er sieht schlecht und wirklich Bock auf irgendwelche Aktivitäten hat er auch nicht so.«* Zu viel mit dem und für den Vater zu tun hält Ulrich U. eher für verkehrt. *»Ich merke bei ihm, je mehr ich ihm entgegenkomme und je mehr ich mache, umso nachlässiger [wird er] sich selber [gegenüber]. Und ihm geht es* *auch nicht besser damit, weil gewisse Dinge sollte er halt einfach machen, um seinen Verstand noch wachzuhalten.«*

Im Übrigen ist der Sohn in seinem Verständnis von »aktivierender Pflege« davon überzeugt, *»er könnte viel mehr machen, aber irgendwie hat er halt entweder kein Bock oder gefällt ihm das, dass er da von vorne bis hinten so bedient wird.«* Der Sohn weiß zwar, der Vater *»kann ja für die Situation nichts«*, aber dennoch will er dessen Probleme nicht zu nahe an sich herankommen lassen. *»Ja, ich denke auch, dass das besser funktioniert, wenn man die emotionale Schiene da so ein bisschen runterfährt.«* Und dabei räumt er selbstkritisch ein, *»ich denke mal, wenn jetzt jemand ein ganz tolles Verhältnis zu seinen Eltern gehabt hat, dass man dann in so einer Situation ein bisschen anders damit umgeht«.*

Von Ärzten, Pflegediensten, Apotheken, Krankenhäusern und dem Medizinischen Dienst der Krankenkassen sieht sich Herr U. wenig unterstützt und meist alleingelassen. *»Man muss sich wirklich um alles selber kümmern.«* Eine Pflegestufe wurde dem Vater bislang verweigert. Als der Medizinische Dienst der Krankenkassen kam, *»hab ich zu ihm gesagt, es wäre ganz gut, wenn er jetzt nicht einen auf blöd macht, aber sich halt ein bisschen zurückhält mit seinen Aussagen, weil er ja auch wirklich zu 100 Prozent sehbehindert ist ... Und die vom Medizinischen Dienst, die stellen dann so Fangfragen ... und er ist natürlich voll darauf eingestiegen. Aber wie! Er hätte so gute Gene von seinem Vater und der wär ja auch über 90 geworden – alles wunderbar.«* In solchen Situationen kann er sich schon sehr über seinen Vater ärgern und würde ihn manchmal am liebsten sitzen lassen. *»Aber wenn jemand bedürftig ist, geht man natür-*

lich anders mit dem um, als wenn es jemandem gut geht.«

Auch wenn er den Vater nicht wirklich pflegen muss, erlebt Ulrich U. die Betreuungssituation als eine Rund-um-die-Uhr-Belastung. *»Ich hab ja die 24 Stunden Permanenz. Weil der steht dann mal nachts da und sagt, ja, er hat mit dem Herz Probleme, dann bekommt er ein Spray. Du kannst auch nicht wirklich abschalten. Ja, wenn du mal eine Tür nachts hörst oder was, dann denkt man immer schon, jetzt kommt er wieder hoch.«* Auszeiten und Urlaube sind für ihn wichtig, *»ich muss jetzt auch irgendwann mal eine Woche abschalten«,* aber das ist nur schwierig zu organisieren. *»Da muss ich halt einen riesen Aufriss machen, wenn ich jetzt in Urlaub gehe für eine Woche, mit Pflegedienst und hin und her. Und wohl ist einem dabei halt auch nicht. Irgendwie, so weitere Reisen gehen gar nicht, ich muss halt irgendwohin, wo ich auch schnell wieder zurück kann.«*

Unterstützung im Alltag findet der »Kooperateur« in seinem Freundeskreis: *»Viele von meinen Freunden sind auch in der Situation, wo sie jetzt pflegebedürftige Eltern haben ... dass sich halt die Gespräche dann um solche Themen drehen ... Und zum Teil ist man ja auch froh darüber, wenn man mit den anderen darüber sprechen kann, wie es denen geht, und wenn die auch irgendwelche Tipps haben.«*

Wenn Ulrich U. an die Zukunft denkt, sieht er keine wirkliche Alternative. *»Wir sind immer miteinander klargekommen und ich weiß, ich muss das jetzt machen. Ich komm aus der Nummer nicht raus. Das ist auch eine finanzielle Geschichte, das muss man ganz klar sehen. Man kann sagen, okay, man verkauft das Haus, Rente, alles weg und Altersheim und gut. Und dann ist man ja*

*relativ außen vor. Und ja, das will er nicht. Er will nicht
ins Altersheim und ich will das Haus nicht verkaufen.«*

Dankbarkeit, Bereicherung und Entwicklung

Bemerkenswert viele Männer sprechen auch bei schwerster Belastung über die positiven Seiten der Pflege, über die
Gewinne und die Bereicherung ihres Lebens. Was vielen
Männern in der Pflege Kraft gibt, ist ein Gefühl der Dankbarkeit gegenüber den Gepflegten, der Wunsch, ihnen
etwas zurückgeben zu können; davon war schon im Kapitel 2 im Zusammenhang mit der Motivation zur Pflegeübernahme die Rede.

Ignatz I. hat seine Frau trotz Pflegestufe 3 auch deswegen wieder aus dem Heim nach Hause geholt, weil
sie früher bedingungslos zu ihm stand. *»Und 'ne gewisse Situation der Dankbarkeit ist natürlich auch dabei.
Ich meine, die Situation damals, wo meine erste Frau
starb und sie sich dann entschieden hat, eben die Familie zu übernehmen, also, das ist ja auch keine Sache, die
jeder macht.«*

Oskar O., der seinerzeit schon im Lazarett von seiner
künftigen Frau liebevoll betreut wurde, hat die Hoffnung, *»dass ich so alt werde, dass ich meine Frau überlebe. Damit ich ihr wenigstens so lange noch ein bisschen etwas tun kann, was Gutes tun kann. Sie hat sehr
viel für mich getan. Sie hat die Kinder großgezogen.«*

*»Sie war eine unglaubliche Bereicherung für unsere Jugend, wir haben so viel von ihr bekommen, dass wir ihr
etwas davon zurückgeben wollten«*, sagt Theodor T. über
seine Tante.

Wehmut schwingt bei Ludwig L. mit, wenn er die Pflege auch als eine Art Wiedergutmachung verbucht dafür, »*dass ich einfach jahrzehntelang zu wenig getan habe … dass ich mir einfach heute sag, Mensch, hätten wir es uns ein bisschen schöner gemacht!*« Er empfindet eine große »*Dankbarkeit für die Aufgabe … ich möchte meinem Partner das zurückgeben, was sie mir früher gegeben hat.*«

Welche Bedeutung die Dankbarkeit als emotionaler Pflegebasis haben kann, lässt Andreas A. im Rückblick auf die Pflege seines Vaters erkennen: »*Die Tatsache, dass ich ihn jetzt nicht geliebt hab … Er hat sich kein Respektpolster bei mir angeschafft oder, ach mein Gott, durch sein Tun und Lassen und mir helfen kriegt man ja irgendwie das Gefühl, der Mensch hat mir geholfen im Leben, jetzt helfe ich ihm. … Da war nichts da, das ich ihm jetzt zurückgeben konnte. Das war wahrscheinlich für mich am schlimmsten.*«

Über die Dankbarkeit, das Zurückgeben hinaus sehen viele Männer, dass die Pflege trotz oder gerade wegen ihrer Belastungen die Beziehung zu ihrem pflegebedürftigen Angehörigen vertieft und bereichert hat. Von solchen Gewinnen berichten auch Richard Russell und Paul Zulehner[51].

Oskar O. sieht sich bei seinen täglichen Besuchen im Heim von seiner Frau reich beschenkt, wenn »*dann ein kleines Lächeln, ein kleines Lächeln von ihr nur einen dann wiederum voll entschädigt hat*«.

Auch Theodor T. erinnert sich: »*Ich habe viel Dankbarkeit von meiner Tante zurückbekommen*«, und er spricht von der Befriedigung und der nährenden Nähe dieser Kümmerarbeit: »*Und wir sind uns – fast wie in den Kindertagen – nochmals sehr nahegekommen.*«

Eugen E. beschreibt die Veränderungen in der Beziehung zu seiner Mutter so: »*Es gab früher viele Jahre, da war ich außerstande, herzlich zu sein gegenüber meiner Mutter … Also, ich hab mich vielleicht grad mal mit Handschlag verabschiedet. Aber die Herzlichkeit, die ich ja jetzt von ihr bekomme und ihr vielleicht auch anbiete, das ist vielleicht, was intensiver wurde, ja … Na ja, man nimmt sich halt mal in den Arm oder macht scherzhaft irgendwelche Gesten, bis ich dann ganz nah bei ihr bin und dann macht sie halt irgendwas, ja … Körperkontakt.*«

Über die Jahre der Betreuung hat sich die immer schon intensive Beziehung von Manfred M. zu seiner Tante noch mehr vertieft. »*Durch diese Gespräche kommen manche Sachen eben auch hoch, die ich bisher nicht wusste. … Das sind viele Punkte, die jetzt im Grunde für mich ja eigentlich neu sind … und auch dieses Vertrauen, mir das zu sagen … Diese Beziehung an sich ist eben intensiv … oder das ist vielleicht der falsche Begriff – gehaltvoller geworden.*«

Obwohl der sprachliche Austausch immer schwieriger wird und Rainer R. von seiner Frau inzwischen gelegentlich nicht einmal mehr erkannt wird, hat sich Ihre Beziehung intensiviert. »*Ich möchte auch sagen, dass wir uns eigentlich nie so nahe waren als wie jetzt. Als jeder noch so … selbst vor sich hinleben konnte, da war man egoistischer, aber wir sind uns jetzt eigentlich in der Zeit der Krankheit da schon ein gutes Stück nähergekommen.*«

Ludwig L. kann nach wie vor die körperliche Nähe seiner schwer dementen Frau genießen: »*Ich hab nicht bloß eine Schmusekatze, sondern einen Schmusetiger.*«

Ignatz I. genießt im Kontakt mit seiner schwer pflegebedürftigen Frau »*das Emotionale ... die Zärtlichkeiten oder Ansprache und so weiter, dass sie darauf reagiert, das zurückgibt, und dass man also dadurch 'ne gewisse Stärkung immer wieder hat ... Es vergeht eigentlich kein Morgen, wenn ich sie wecke oder so, dass sie lächelt und dass sie irgendwie einen zufriedenen Eindruck macht und so weiter ... Da ist in gewisser Weise fast noch 'ne engere Bindung entstanden.*«

Über die Dankbarkeit und die Intensivierung der Beziehung hinaus sprechen viele Männer von wichtigen Erfahrungen und existenziellen Einsichten, die ihr Leben bereichert und ihre persönliche Entwicklung befördert haben. »Positiv erlebte Persönlichkeitsentwicklungen« finden sich auch häufig in den Interviews von Manfred Langehennig, »von der Chance, Dinge zu spüren, die (...) ansonsten verschlossen gewesen wären«, von der »Bereicherung, wirklich spüren zu können« und vom »Weichwerden und Sich-einfühlen-Können.«[52]

Andreas A. sieht sich durch die schwere Pflegezeit bereichert. »*Wenn ein Mensch so langsam geht und man begleitet ihn, das gibt einem, wie soll man sagen, ein anderes Bild fürs Leben. Für sich selber, man sieht die Welt anders, es wird einem bewusster, wie es mit den Menschen halt mal zu Ende geht. Und wenn man ... sich das so verinnerlicht, dann wird einem bewusst, wie schön es ist, gesund zu sein und zu leben und das Leben zu genießen.*«

Seine Tante altern zu sehen hat Theodor T. sehr zum Nachdenken über sein eigenes Alter angeregt. Er hat die Erdgeschosswohnung barrierefrei umgestaltet; seine Frau weiß, dass er sich für die letzte Lebenszeit eine Heimunterbringung vorstellen kann, seitdem er selbst die Grenzen der häuslichen Pflege erfahren hat. Schließlich ist ihm bewusst geworden, *»dass man das Alter äußerlich und innerlich so gestalten muss, dass es trotz Immobilität erfüllt sein kann«.*

Vielen Männern geht es wie Rainer R. Angesichts der tiefen Zäsur, die die Pflege in ihr Leben geschnitten hat, angesichts der täglich neuen Herausforderungen und vor allem in Hinblick auf die ungewisse und kaum planbare Zukunft hilft nur noch ein gutes Maß an Gelassenheit: *»Man muss halt eben im Alter vieles auf sich zukommen lassen, das bringt nichts, sich vorher verrückt zu machen, muss man halt sehen, wie es dann zu bewältigen ist.«*

Manfred M.

»Im Grunde verschnürt es sich immer mehr in diesem emotionalen Leben.«

»Sie hat quasi so mich mit ihrer Liebe überschüttet und sie sagt auch immer noch, ich bin fast wie ein Sohn zu ihr und im Grunde, so eine innige Beziehung besteht auch zu ihr … Sie hat, wenn ich dann da war, immer auch ihre Zeit total geopfert, das war so im Grunde wirklich ihre ganz mir zugewandte Zeit und ich denke, daraus entsteht auch diese besondere Beziehung, die ich zu ihr hab.« So schildert Manfred M. die Kindheitsbeziehung zu seiner eigentlich nur weitläufig entfernten Tante, um die er sich seit drei Jahren zunehmend küm-

mert, was für den Sozialarbeiter keine Frage war, »*war ja immer irgendwie eine enge Beziehung eigentlich da*«.

Schon einige Jahre vorher hatte sie ihm eine Generalvollmacht erteilt und sich bald darauf ins betreute Wohnen eingekauft, »*ich denke, sie selber hat da schon gespürt, dass was mit ihr passiert*«. Bei der wohlhabenden, früheren Chefsekretärin wurde eine Demenz festgestellt, die ihr immer mehr zu schaffen macht. Die heute 83-Jährige wird zweimal täglich vom Pflegedienst versorgt, ihr Neffe besucht sie zwei- bis dreimal wöchentlich. »*Also, es ist vorrangig eben auch so dieser persönliche Kontakt, der dann nötig ist, also, dass sie so spürt, es ist jemand da, der auch ihr sehr vertraut und nah ist. Und dann wird die Post aufgearbeitet ... Was da an Banksachen regelmäßig, fast wöchentlich irgendwie kommt, mit irgendwelchen Dingen ... das ist was, was sie eben total überfordert ... Da geht es eher drum, also wirklich Sicherheit in die Richtung reinzubringen.*«

Der 45-Jährige versucht, so gut es noch geht, die alte Dame dabei zu unterstützen »*Ordnung einzuhalten in ihren persönlichen Dingen*«. Er knüpft geschickt an ihren früheren Kompetenzen an, »*wir planen den Kalender, also die Woche, die Tage, die dann kommen, und gucken, was nötig ist, was für Termine da anstehen ... da kommt ihr quasi ihre Sekretärinnenrolle sehr entgegen*«. Sie ruft ihn immer wieder an, wenn sie nicht zurechtkommt oder irgendetwas nicht findet, was dem freundlich empathischen Mann immer wieder sehr nahegeht. »*Ihre Verzweiflung ist für mich eine schwierige Situation, einfach zu spüren, dass sie manchmal einfach haltlos verzweifelt ist. Dass sie einfach nicht weiß, wie sie das jetzt organisieren soll, und dann völlig kopflos handelt und völlig aufgeregt ist und eigentlich erst mal wirklich runtergeholt werden muss und dann auch wirklich sagt: Mein Kopf, ich war doch, ich konnte doch alles. Ich hab alles organisiert … diese Verzweiflung, die belastet mich schon sehr.«*

Er ist ihr Halt und ihre emotionale Stütze und versucht sie behutsam zu begleiten. *»Ich erlebe meine Tante so, dass sie eben mehr eine Anregung braucht und dann bekommt sie quasi eine Idee, das dann auch umzusetzen, und dann setzt sie es auch um.«* Auch in seinem Urlaub ruft er die Tante regelmäßig an, *»weil schon das Telefongespräch eben manches auch löst. Weil sie sich dann fragt, wo ist das denn, das war doch immer da.«* Und dabei versucht er nach Möglichkeit Beschämung zu vermeiden, indem er versucht, *»weil sie eben sehr humorvoll ist, immer wieder Punkte auch zu finden, wo wir dann lachen können, also, das entspannt sie unheimlich und das gelingt mir eigentlich auch bei ihr immer«.*

Der weitere Weg der frühdementen Dame ist vorgezeichnet, er wird sie, was ihr bewusst ist, eines Tages in das Pflegeheim führen, dem ihre jetzige betreute Wohnung angegliedert ist, und wo sie schon heute das Mittagessen zu sich nimmt und abends *»mit irgendjemandem ein Viertel Wein trinkt oder so«.* Bis dahin *»muss man sehen, was leistbar ist. Also, ich denke, ich bin natürlich schon begrenzt in meinen Fähigkeiten oder Möglichkeiten zeitlicher Art, weil ich ja auch noch eine eigene Familie hab. Da sind ja auch Kinder da, die ja dann auch auf meine Anwesenheit bauen. Wo jetzt schon immer wieder auch sogar von meiner Tochter, die zehn ist, kommt: Du bist immer bei der Tante!«* Von daher ist sich Manfred M. ganz im Klaren, *»ein täglicher Besuch wäre sicher nicht möglich«.* Aber manchmal ist er doch zwischen Familie, Arbeit und Tante sehr zerrissen. »*Also, diese Verzweiflung, die belastet mich schon sehr, weil sie dann, wie gesagt, auch eigentlich relativ lang wartet, bevor sie dann weitergibt, dass sie jetzt nicht weiterkommt – sozusagen aus dieser Fürsorge, nicht stören zu wollen. Und da selbst immer so ein bisschen eigentlich im Grunde in der Not zu sein; zu spüren, ist eventuell ein zusätzlicher Bedarf jetzt da. Dass man hin muss, oder sonst irgendwas.*«

Manfred M. spürt die zunehmende Abhängigkeit der Tante, »*was mich ein bisschen befremdet oder was ich eigentlich von meinem Inneren her nicht gerne möchte, dass irgendjemand sich abhängig fühlt von mir. Aber es ergibt sich eben einfach automatisch. Im Grunde verschnürt es sich immer mehr, also auch so in diesem emotionalen Leben. Aber das ist für mich jetzt nicht irgendwie bedrohlich oder sowas, sondern ich finde es wirklich angemessen und in Ordnung.*«

»*Was habe ich davon?*«, fragt sich der »Care-Manager«. »*Ich denke, das ist eigentlich eine Beziehungssache. Also, ich denke, ich krieg natürlich auch von ihr viel Rückmeldung. Es ist eine große Dankbarkeit da für das, was ich tue. Es ist aber auch eben einfach eine innige Beziehung, die da ist.*« Und über die Jahre hat sich die immer schon intensive Beziehung noch mehr vertieft. »*Durch diese Gespräche kommen manche Sachen eben auch hoch, die ich bisher nicht wusste. Sie erzählt natürlich das, was früher war. Das sind viele Punkte, die jetzt im Grunde für mich ja eigentlich neu sind ... und auch dieses Vertrauen, mir das zu sagen ... Diese Beziehung an sich ist eben intensiv ... oder das ist vielleicht der falsche Begriff – gehaltvoller geworden.*« Für Manfred M. ist sein Betreuungsengagement daher eine klare, be-

> wusste Entscheidung: »*Es ist für mich nicht eine Frage: Es lohnt sich, weil –, sondern, es ist sonst niemand da und die Beziehung ist so, dass ich auch eigentlich der Richtige bin. Zu allen andern, die noch drumherum sind ... zu denen hat sie auch Beziehung. Aber da hat's keinen ... so einen innigen Kontakt. Und ich finde, das ist für mich auch die Motivation, das zu tun.*«

Religiöse oder spirituelle Sinngebung

Auf die Frage nach den inneren Ressourcen, den Kraftquellen für ihre großen Anstrengungen, dem Sinn des langen Leidens, nennen einige Männer auch religiöse und andere spirituelle Bezüge.

Cedomir C. sieht als gläubiger Muslim die Krankheit seiner Frau als ein ihnen von Gott auferlegtes Schicksal, »*weil ich mir nicht gekauft diese Krankheit, denn sie ist gekommen von liebe Gott*«. Helfen ist für ihn auch ein religiöser Auftrag: »*Weil ich weiß dann bis letzte Zeit von meinem Leben in dieser Welt, ich habe jemand geholfen. Aber wenn ich keine Kraft, wenn ich weg von dieser Welt, dann ich gehe in die andere Welt, ich glaube traurig, nicht zufrieden. Weil ich vielleicht jemand hiergelassen, dass wer brauchen Hilfe, nicht geholfen.*«

»*Ja, woher nimmt man die Kraft? In gewisser Weise bin ich ein Optimist. Ich meine, würde ich jetzt mal dazu sagen, ich bin in gewisser Weise gläubig*«, sagt Andreas A.

Was den 81-jährigen Jochen J. die schwere Pflege seiner Frau immer noch durchhalten lässt, kann er nicht so recht beantworten. »*Tja, ich weiß es nicht. Es ist der Herrgott. Es heißt ja immer, wenn man ein Amt kriegt*

110

oder eine Aufgabe, dann kriegt man auch die notwendige Kraft, aber wer weiß, wie lang und wie.«

Franz F.: »Ich hab schon oft gesagt, wenn du's auch nicht willst oder glaubst an Gott, das ist alles so, als wie Gott es geschaffen hat.«

Kurt K.

»Sie war immer für mich da und jetzt bin ich für sie da.«

»Mit 21 hat mein Vater gesagt: Ist dein Problem. Und von dort an war's auch mein Problem und es ist heute noch mein Problem.« So beginnt der gelernte Bäckermeister Kurt K. mit seiner Erzählung. Nachdem die Mutter einige Jahre zuvor gestorben war, schickte ihn sein Vater in eine Bäckerlehre, um den Familienbetrieb zu übernehmen. Mit 20 hatte er bereits seinen Meisterbrief in der Tasche und von da an war er mit seiner Frau, die er noch im gleichen Jahr geheiratet hatte und mit der er drei Kinder bekam, für das Geschäft verantwortlich. Die beiden erweiterten laufend den Betrieb, erwarben einen zweiten Laden, wandelten die Bäckerei in einen Lebensmittelmarkt um. Und es war nicht einfach: *»Und wenn Sie das aufbauen und immer Schulden haben und immer schaffen müssen und immer, das ist nicht ganz so einfach! ... Da hat es Zeiten gegeben, da hab ich meiner Frau nicht sagen können, dass der letzte Dachziegel verpfändet ist ... Wissen Sie, das verbindet natürlich einander auch, wenn man so miteinander schaffen muss ... Ich habe gewusst, dass wenn ich morgens um sechs da runtergehe, dass ich dann tausend Mark kaputtmache an dem Tag, mindestens am Anfang. Und da musst du trotzdem morgens um sechs run-*

ter bis abends um acht, halb neun und das durchhalten. Da lernst du auch das Geduldigsein und da lernst du auch, mit dem zufrieden zu sein, was es gibt.«

Vor sechs Jahren bekam seine gleichaltrige Frau einen Schlaganfall. *»Das war natürlich ein kräftiger Einschnitt und … dann hab ich also die Geschäftsführung unten abgegeben, damit ich mich um meine Frau kümmern kann. Wir sind dieses Jahr 50 Jahre verheiratet und sie hat mit mir zusammen das Geschäft aufgebaut. Wir haben zusammen die Kinder gehabt und sie war immer für mich da und jetzt bin ich für sie da. Das ist der Hintergrund. Und das wird wohl auch so bleiben, solange ich das machen kann. Weil ich einfach der Meinung bin, wir gehören zusammen, und da ist jeder für den anderen einfach verantwortlich.«*

Kurt K. baute gleich einen Treppenlift ins Haus ein, *»dass sie nie das Gefühl hat, dass sie eingesperrt ist. Da werd ich auch immer drauf gucken, dass sie soweit selbstständig ist, dass sie nie meint, es geht nicht ohne jemand anderes.«* Frau K. kann inzwischen kaum noch gehen und kann nicht mehr sprechen, weil ihr die Verknüpfungen fehlen. Nur schwer auszuhalten ist für Herrn K., *»dass sie alles versteht und alles weiß«*, es aber nicht ausdrücken kann. *»Sie sitzt da und will mir was sagen. Da fangen wir quasi bei Adam und Eva an, fragen durch.«* Immerhin etwas Gutes kann er auch dieser Situation abgewinnen: *»Das Einzige ist, dass sie nicht mehr mit mir schimpfen kann«*, meint er schmunzelnd.

»Die Pflege hier mit meiner Frau ist eigentlich nicht so schlimm«, meint Kurt K. Denn *»durch das Wissen, dass wir da das Geschäft gehabt haben und dass die Kinder dann da zwischendrin waren, hab ich ja schon immer auch im Haushalt aushelfen müssen … Meine Frau war*

ab und zu nicht abkömmlich im Geschäft, also bin ich hoch und hab gekocht oder so ... Ich kann auch kochen, kann auch einen Haushalt führen, so ist das nicht. Und deswegen ist mir das ja auch irgendwie entgegengekommen. Und wie gesagt, meine Frau ist eigentlich eine sehr zufriedene und nicht anspruchsvolle Patientin.« So macht es ihm auch wenig aus, seine Frau beim Waschen zu unterstützen, denn *»ich hab geholfen meine Kinder aufzuziehen, alles, verstehen Sie, es ist für mich ... vielleicht bin ich auch so ein Typ, ich weiß es nicht«.* Und im Übrigen kommen ihm seine langjährigen Erfahrungen als Einzelhändler zugute. Lachend meint er: *»Ich hab schon immer mit vielen Frauen zusammen geschafft, da brauchen Sie gute Nerven. Entschuldigung, wenn ich das so sag, aber es stimmt. Mit Frauen zusammen schaffen ist sehr schwer. Vor allem Frauen untereinander. Ja, und das hab ich ja fast 50 Jahre gemacht.«* Auch wenn seine Frau Pflegestufe 2 hat, nehmen sie – nach schlechten diesbezüglichen Erfahrungen bei der früheren Pflege der Schwiegermutter – keinen Pflegedienst in Anspruch: *»Da hab ich den Pflegedienst gehabt, die sind morgens gekommen, zehn Minuten, viertel Stunde, ja und haben geguckt, ob alles richtig ist, und gemacht haben sie nichts ... Das hat so viel Geld gekostet, das kann ich mir sparen. Also, da bin ich Schwabe.«*

»Ich will mich nicht beklagen, ich schaff das, und ich kann das und ich mach das auch meiner Frau zuliebe auf jeden Fall. Ich bin auch ein Typ, ich kann nicht hinsitzen und nichts tun. Ich muss immer ein bissle was schaffen, wenn ich kann.« Und so ist es gut, dass Kurt K. in seinem Laden, den er, als seine Frau ihren Schlaganfall bekommen hatte, sogleich an seine Teilhaberin abgegeben hatte, immer wieder stundenweise aushel-

fen kann. Morgens steht der 71-Jährige ein wenig früher auf, um vor dem Frühstück zu seinem Nordic Walking zu kommen oder Fahrrad zu fahren; alle 14 Tage besucht er seinen Stammtisch. Im Übrigen musste er feststellen, »*wenn so etwas ist, wie mit meiner Frau, verlieren Sie Ihr ganzes Umfeld. Langsam aber sicher geht das auseinander, geht das weg. Mit den Leuten, mit denen Sie früher zusammengekommen sind, die zu uns gekommen sind, wo wir mal zu denen gekommen sind, das verliert sich mit der Zeit alles ... Die sagen wohl, wir müssen mal wieder zusammen mittagessen gehen ... aber das ist eine ganz andere Welt. Wir können nicht mehr Fahrrad fahren so wie die. Und dann verliert sich das auch ganz schnell, auch mit denen, mit denen wir 30 oder 35 Jahre in den Urlaub gefahren sind und sehr gut befreundet gewesen sind. Das verliert sich, das ist klar, da können Sie auch nix machen, das ist so. Sie sind jetzt in einer anderen Liga.*«

Am meisten fehlt ihm, »*dass wir nicht mehr verreisen können*«. Sie sind mit ihrem Wohnwagen »*von Campingplatz zu Campingplatz*« durch halb Europa gefahren, »*das war so unser Urlaub und das war wunderschön und das wollten wir eigentlich, wenn wir jetzt älter sind, ausgedehnter machen*«. Mit resignativer Reife sagt sich Kurt K.: »*Man muss immer mit dem zufrieden sein, wie's geht, alles andere bringt nix. Das hab ich also festgestellt in meinem Leben. Ich hab schon sehr viele, sehr viele Rückschläge gekriegt und so weiter. Man muss immer wieder rauskommen. Man muss mit dem zufrieden sein, so ist's und so jetzt.*«

Auch wenn das Haus, an dem sie »*von 1960 an ... nur geschafft, umgebaut, gerichtet und und und ... [haben], natürlich für uns zwei viel zu groß*« ist, kommt für sie ein

Umzug in etwas Altersgerechteres nicht infrage, »*dann brauch ich wieder mein Haus und meine Ruhe vor allem. Und meiner Frau geht's genauso.*« Darum ist sein Wunsch: »*Meinen Vater haben sie schon mit den Füßen voraus runtergetragen und mich tragen sie auch noch mit den Füßen voraus runter.*« Mit Blick auf eine mögliche Heimunterbringung meint Herr K.: »*Wenn's nicht irgendwie geht, dann werde ich da meine Frau nicht reintun. Das, was ich da gesehen hab, das langt mir. Da würde meine Frau den ganzen Tag bloß im Bett liegen.*« So hofft er, »*dass das meine Frau noch vor mir macht … dass ich sie nicht meinen Kindern hinterlassen muss. Ich habe liebe und gute Kinder, aber da hat jeder sein eigenes Leben … aber das liegt nicht in meiner Hand … Das ist alles, was ich eigentlich will. Und das liegt nicht in meiner Hand. Alles andere, da müssen Sie sich langsam mit abfinden, dass das alles, das, was Sie da mal gebaut haben und was Sie so viel Nerven und so viel Kraft gekostet hat, dass das alles nur geliehen ist. Das gehört Ihnen nicht. Wenn sie einen Meter achtzig tiefer liegen, brauchen sie das alles auch nicht mehr. Da muss man sich mit abfinden, wenn man sich mit dem abgefunden hat, ich glaube, dann ist man einen Schritt weiter. Ob ich mich schon ganz damit abgefunden hab, das weiß ich nicht.*«

Die Identität als Mann bewahren

Wie kommen die pflegenden Männer mit ihrer »strukturellen Feminisierung« zurecht, dem Rollenwechsel vom sichtbaren Ernährer zum unsichtbaren »Schattenarbeiter« in einer weiblich konnotierten Tätigkeit[53]? Für die meisten Männer ist dies ein Thema, das kein besonderes Gewicht zu haben scheint und auf das alle erst auf Nachfragen zu

115

sprechen kommen. Pflege ist für die meisten etwas ganz Normales, das keiner besonderen Rede wert ist.

So fragt sich Andreas A. ganz lapidar: *»Ich kann als Mann genauso pflegen und jemanden versorgen, da muss ich jetzt nicht ein Problem damit haben, oder?* .

Und auch die Meinung des Bauarbeiters Cedomir C. über Männer, die Pflege nicht als ein Männergeschäft betrachten, ist klar und eindeutig: *»Für solche Leute ich sage, die sind nicht für diese Welt geboren … Diese Leute sind null für mich, diese Leute sind null für mich.«*

Der frühere Kaufmann Kurt K. sieht sich durch sein Leben in einer Frauenwelt gut vorbereitet. *»Hab da oft auch Ratschläge geben müssen. Du wirst ja immer wieder gefragt. Und dann halt auch, gerade durch das, dass meine Frau ja auch immer berufstätig gewesen ist und so, da hab auch ich mal gewaschen oder gekocht. Ich hab so oft gekocht, das mach ich eigentlich auch gern. Und deswegen fällt mir das vielleicht auch leichter.«*

Einige Männer hatten aufgrund ihrer früheren Rollenteilung einen Nachholbedarf in Sachen Hauswirtschaft und Pflege, den sie in der Regel gut bewältigten, auch indem sie sich dabei eine gewisse männliche Freiheit zubilligen.

Bruno B. meint: *»Frauen haben sicherlich den Vorteil im Normalfall, dass sie alles, was mit häuslicher Pflege … dass sie da einfach mehr Vorbildung haben als ich. Normalerweise muss eine Frau sich diese Dinge nicht erst im Alter erarbeiten, wie ich es tun musste.«*

Auch Paul P. sieht Differenzen in der Bewältigung des Alltags: *»Männer haben andere Schwerpunkte wie Frauen … auch im gesamten Haushalt, in der Lebens-*

führung und so weiter ... vermutlich nur in Details, also in der Bekleidung beispielsweise oder beim Bettenbeziehen, das mache ich dann schon mal so, dass das Kopfkissen ein anderer Bezug ist wie das Deckbett, was mir eben gerade in die Finger kommt.«

Für den früheren Bauingenieur Jochen J. war die Hauswirtschaft völliges Neuland. *»Ich tu meinen Tag und meine Aktivitäten und das, was ich mache, ganz anders organisieren wie eine Frau. Sicher auch mit mehr Kraft ... schon zwangsweise, weil ich vom Haushalt vorher nichts wissen wollte oder nicht viel Wissen haben wollte.«*

In diesem etwas entspannteren Umgang mit den Herausforderungen des Haushalts und einer geschlechtsspezifischen Gelassenheit sehen einige Männer den möglichen Hauptunterschied im Pflegealltag zwischen Männern und Frauen.

Bruno B. vergleicht die hauswirtschaftlichen Kompetenzen der Frauen mit ihren pflegerischen. *»Ob sie in der Pflege besser dran sind, weiß ich nicht. Das ist, glaube ich, sehr individuell, auch eine Frage des Nervenkostüms. Ich bin an sich nervlich ordentlich drauf und lass mich dann nicht irgendwo so schnell ins Bockshorn jagen. Oder komm da nicht zu sehr in irgend so einen Wirbel rein, dass ich dann plötzlich alles hinschmeißen will und nicht mehr weiß, was ich zu tun habe. Könnte vielleicht bei einer Frau eher der Fall sein. Aber das ist Typ-bedingt.«*

Dieter D. versetzt sich in seine Frau hinein, wenn er fragt: *»Wie fühlt sich die Frau? Ich glaube, ein Mann, der durch seine Frau gepflegt wird, der ist da möglicherweise seelisch nicht so belastet, weil er ja, wenn die Frau immer eine Hausfrau war, sowieso und immer umsorgt*

117

*und versorgt worden ist, sozusagen … Während eine
Frau, die zum Pflegefall wird, die ist da meines Erach-
tens in einer anderen Situation und das ist mir bei meiner Frau eigentlich auch schon klar geworden, das hat
ihr seelisch ziemlich zugesetzt, dass sie jetzt quasi nicht
mehr … für uns da sein konnte, sondern dass sie von
uns abhängig war.«*

Einige Männer spüren einen geringeren Erwartungsdruck
von außen und damit eine größere Erlaubnis, Grenzen zu
setzen.

Helmut H. hat diesen Eindruck: *»Von mir als Mann, der
mit der Pflege bis jetzt nichts zu tun hatte, erwartet kein
Mensch irgendwas! Also, ich habe längst nicht den
Druck … ich muss nicht perfekt sein. Von mir erwartet
keiner, dass ich meiner Mutter einen Braten richte oder
so, oder Maultaschen mache, selber gemacht, handge-
macht. Ich hole sie halt vom Metzger oder vom Super-
markt her und mach sie warm und esse sie mit.«*

Eugen E. ist überzeugt, dass sein Care-Management der
Mutter für ihn leichter als für seine Schwestern ist.
*»Also, Frauen würde das eher so passieren … dann gerät
die zu betreuende Person in aller Regel in den Haushalt
der Frau. Insofern ist mein Arrangement eher männlich.«*

Für Walter W. ist es in Ordnung, dass er mit seinem
Schwiegervater *»ein bisschen robuster im Umgang«* als
seine Tochter ist. Wo er den Schwiegervater immer wieder *»halt zu fordern«* versuche, was er als den *»Hauptunterschied«* zwischen sich und seiner Frau betrachtet,
*»dass die Töchter ein bisschen nachsichtiger sind, wie
vielleicht der Schwiegersohn.«*

Ignatz I.

> »*Wir mochten uns, wir mögen uns,*
> *wir werden uns weiter mögen.*«

Seine beiden Kinder waren erst acht und elf, als seine Frau ganz plötzlich starb und Ignatz I. sich als alleinerziehender Vater durchschlagen musste. Da war es ein Glücksfall, dass der Lehrbeamte eine Kollegin kennen lernte und heiratete. »*Für meine Frau war das natürlich damals ein schwerwiegender Schritt, sie war damals schon 50 und vorher noch nicht verheiratet. Sie hat also die Aufgabe übernommen und wir hatten eigentlich auch oder haben ja heute noch einen so guten Zusammenhalt, dass wir diese Schwierigkeiten also irgendwie gemeinsam bewältigt haben.*«

Sie hatten eine gute Zeit miteinander, waren nach ihrem gleichzeitigen Ruhestand viel auf Reisen, bis Frau I. mit 73 so schwere Schlaganfälle bekam, dass sie zum Sterben im stationären Hospiz untergebracht wurde. Sie »*rappelte*« sich jedoch nochmals auf und wurde in einem Pflegeheim untergebracht, wo sie knapp zwei Jahre lebte. »*Und in der Zwischenzeit hab ich dann überlegt, was, wie geht's weiter … Ja, weil das auch natürlich eine gewisse Belastung war, immer das hin- und herfahren … Und ich hab das ja dann vor Ort erlebt, ohne dass man den Leuten da zu nahetreten will, aber das ist schon wichtig, dass man da Präsenz zeigt, leider … Und das ist auch nicht immer so 100-prozentig gewesen, wie man sich das vielleicht vorgestellt hat. Ich bin der Überzeugung gewesen, es ist besser, ich hole sie nach Hause … Dann hab ich hier eben umgebaut.*«

Seit sechs Jahren betreut der 77-Jährige nun schon seine überwiegend bettlägerige, 83-jährige Frau, mit der nur noch eine eingeschränkte Kommunikation möglich ist. Unterstützt wird er durch einem Pflegedienst, der dreimal täglich kommt, durch Logo- und Physiotherapie, durch eine Frau vom Hauspflegedienst, die gelegentlich auch einmal über Nacht bleibt. Die Enkeltochter kommt ab und zu und bessert sich ihr Taschengeld auf, auch vom Besuchsdienst ihrer Gemeinde werden sie unterstützt. *»Da habe ich also mittlerweile auch eigentlich genügend Möglichkeiten an der Hand, wenn ich auch mal diejenige anspreche und sage, können Sie mal kommen für zwei, drei Stunden ... Aber nicht rund um die Uhr, das geht nicht, und das ist der Knackpunkt und da drückt sich jeder drum. Da wird dann bloß eben mit dem Finger gezeigt, nicht wahr, der hat 'ne Polin zu Hause oder 'ne Tschechin oder Ungarin und halt illegal. Ist ja nicht gelöst.«* Trotz seines vergleichsweise guten Unterstützungsnetzwerks fragt sich Herr I., *»ob die Belastung immer höher wird oder ob man selber eben ein bisschen zurückschraubt«.* Jedenfalls bleibt jenseits der Pflege nicht mehr viel Energie für anderes. *»So um acht sitz ich oben vor dem Fernseher und lass mich also noch zwei Stunden berieseln und dann geh ich ins Bett. Viel mehr kann ich nicht machen.«*

Der »Kooperateur« versucht die Spielräume und Kontakte so gut als möglich aufrechtzuerhalten. Um die Mobilität zu erhalten, wurde *»beim Auto der Beifahrersitz ausgebaut, da wurde sozusagen ein Schwenkschemel eingebaut. Und man kann jetzt mit dem Rollstuhl ins Auto. Ich kann sie reinschieben, ich kann die Chassis von Rollstuhl hinten in Kofferraum stellen. Und dann sind wir also unabhängig von anderen Transportdiensten et cetera. Und können uns also immer noch ganz gut bewegen, aber natürlich nicht mit sehr großem*

Radius.« Sonntags gehen sie zum Gottesdienst, »*das ist ein regelmäßiger Termin*«. Bei Freunden und Bekannten, »*also, man muss da selber irgendwann sehen, wie man die Verbindungen knüpft ... Ich hab's ja im Prinzip zweimal erlebt. Einmal, damals, beim Tod meiner ersten Frau, jeder sagt, wenn du Hilfe brauchst, wir sind da und so weiter und so weiter. Das ist meistens rhetorisch. ... Es bröckelt immer so ein bisschen ab.*« Zu seiner Seniorengruppe, mit der er sich einmal im Monat trifft, meint er: »*Man trifft sich, man schwätzt miteinander und so, das ist okay, aber es hat ja jeder selber sein Päckle.*«

Mit seiner Rolle als pflegender Ehemann – da kommen ihm vermutlich auch seine früheren Erfahrungen als alleinerziehender Vater zugute – hat er überhaupt keine Probleme. »*Also, ich hab das immer schon für ausgesprochen blöd gehalten, wenn Männer früher in der Belegschaft und so, wenn die sich dann hervorgetan haben: ›Ja, das ist Frauensache, die mach ich nicht, das kann ich nicht, dass macht meine Frau und so.‹ Also, das ist für mich irgendwo idiotisch gewesen ... Das ist wahrscheinlich so 'ne, wie sagt man dazu, so 'ne Rollenvorstellung, die halt von früher her noch existiert.*«

Herr I. hat seine Frau seinerzeit, trotz Pflegestufe 3, auch deswegen wieder aus dem Heim nach Hause geholt, weil er sich mit ihr nach wie vor sehr verbunden fühlt. »*Und 'ne gewisse Situation der Dankbarkeit ist natürlich auch dabei. Ich meine, die Situation damals, wo meine erste Frau starb und sie sich dann entschieden hat, eben die Familie zu übernehmen, also, das ist ja auch keine Sache, die jeder macht.*« So, wie sie damals zu ihm stand, ist er heute für sie da. »*Eine Ehegemeinschaft ist doch letztlich auch ein Geben und Nehmen ...*

121

Es kann doch eigentlich nur irgendwo funktionieren, wenn nicht einer bloß geben muss und der andere das also überhaupt nicht irgendwo estimiert, wie es so schön heißt. Dann ist es ja irgendwann mal zu Ende ... Die [Frau] kann jetzt also physisch und insofern eigentlich nichts und mich dabei insofern eigentlich nicht unterstützen, aber es ist eben das Emotionale.« Und das Emotionale, das ihm all seine Mühen entlohnt, sind *»die Zärtlichkeiten oder Ansprache und so weiter, dass sie darauf reagiert, das zurückgibt, und dass man also dadurch 'ne gewisse Stärkung immer wieder hat ... Es vergeht eigentlich kein Morgen, wenn ich sie wecke oder so, dass sie lächelt und dass sie irgendwie einen zufriedenen Eindruck macht und so weiter ... Da ist in gewisser Weise fast noch 'ne engere Bindung entstanden ... Also eigentlich nach wie vor, also, wir mochten uns, wir mögen uns, wir werden uns weiter mögen.«*

4. Was Männer in der Pflege belastet

»Wer das Alter preist, hat ihm noch nicht ins Gesicht gesehen.«
(Norberto Bobbio)

In der Pflege ihrer Angehörigen erleben Männer einige typische Belastungen, die ihren Alltag erschweren, die sie sozial einschränken, die sie physisch an ihre Grenzen bringen und die ihnen seelisch zu schaffen machen.

Informationsdefizite

Viele Männer stehen vor einer zweifachen Wissenslücke: Die erste haben sie – vor allem bei beginnenden demenziellen Prozessen – vor der Erkenntnis, dass eine Krankheit vorliegt und welche. Hier fühlen sich viele Männer alleingelassen, insbesondere wenn auch ihre Hausärzte oder gar Fachärzte Fehldiagnosen stellen, wie im Falle von Paul P., bei dem es fünf Jahre bis zur korrekten Diagnose dauerte.

Es dauerte lange, bis der heute 53-jährige Viktor V. und sein jüngerer Bruder, die beide mit ihrer Mutter unter einem Dach lebten, die Veränderungen in ihrem Verhalten als eine beginnende Demenz erkannten. Hin und wieder legte sie *»andere Verhaltensmuster an den Tag«*, sie wurde vermehrt reizbar, *»wenn irgendwas nicht geklappt hat, ist sie gleich aus der Haut gefahren«*. Es war ein schleichender, kaum merklicher Prozess, *»wenn du keinen Bezug zu der Krankheit hast, dann kannst du das ja nicht erkennen«*. Es bedurfte deutlicher Zeichen bis zur Erkenntnis, dass dies kein normales Verhalten mehr war, *»wenn dann mal die Zeitung im Kühlschrank* *liegt und du das Besteck aus dem Mülleimer rausfischen musst«.*

Die zweite Wissenslücke tut sich nach gestellter Diagnose auf. Wo sind die richtigen und wichtigen Informationen zu bekommen, wie ist mit dem erkrankten Menschen umzugehen, welche pflegerischen Kompetenzen werden gebraucht, wo gibt es handfeste Unterstützung durch Rat und Tat, wo seelischen Beistand angesichts einer radikalen Veränderung aller Lebensperspektiven? Männer, die sich nie zuvor in ihrem Leben mit diesem Metier beschäftigt haben, müssen neue Suchstrategien entwickeln, um relevantes Wissen zu erschließen.

»Von Alzheimer hat man vorher gar nichts gewusst, hat einen nicht berührt. Das war zum ersten Mal ein Schock«, sagt Günter G. Scheinbare Kleinigkeiten können große Barrieren sein, wie Ludwig L. erfuhr: *»... alle Broschüren waren mit Alzheimer betitelt und nicht mit Demenz.«*

Zino Z.

> *»Es ist keinem gedient, wenn dann alle am Boden liegen.«*

Zino Z. ist so etwas wie ein »Care-Manager« in der Betreuung seiner fast blinden 85-jährigen Mutter. *»Dass ich eher diese Koordination mache ... den ganzen Verwaltungskram, alles, was so mit Bank, Behörden zu tun hat, tausend Sachen, also diese Administration daheim.«* Er teilt sich die Versorgung mit Bruder und Schwägerin, die mit ihm im elterlichen Haus wohnen. Der frühe Tod seines Vaters ließ den heute 51-Jährigen Schritt für Schritt in die Rolle des Betreuers hineinwachsen, *»es gab halt deutlich mehr Sachen, die dann im*

Prinzip an uns Kindern hängengeblieben sind«. Und da er wenig davon hält, *»dass da viele Leute drin rummosten«,* hat er das Administrative übernommen. Der Bruder kümmert sich um Haus und Garten, die Schwägerin ist für die *»haushaltsnahen Sachen«* zuständig. Seine Position im Einkauf eines großen Industriebetriebs ermöglicht Herrn Z., auch während der Arbeitszeit gelegentlich etwas für seine Mutter zu erledigen, was er dann allerdings an anderen Tagen *»dranhängen«* muss.

Seine Erfahrungen mit dem Gesundheitssystem findet er eher anstrengend. Durch mühsame Telefon- und Internetrecherchen kämpft er sich durch diesen *»Dschungel«* und fragt sich, *»wie das ältere, gebrechliche Leute halbwegs vernünftig schaffen sollten«.* Er vermisst einen konkreten Ansprechpartner und hält es für wenig hilfreich, *»dass ich da von Pontius Pilatus und von jedem ein Merkblatt zugeschickt bekomme, wo ich am Schluss so einen Stoß Papier habe«.* Das sind für ihn lästige *»Zeitfresser«,* die seine Zeit für Hobbys und Freundschaften und auch seinen Urlaub einschränken. Auf der anderen Seite ist Zino Z. durch die Betreuung seiner Mutter nähergekommen. *»Je intensiver man sie betreut … desto enger wird auch die Beziehung.«* Und so erlebt er seine Zeit für und mit der Mutter – vorlesen, spazieren gehen oder sie durch Fahrdienste am gesellschaftlichen Leben teilhaben lassen – als *»wichtiger, wie vielleicht zum VfB zu gehen«.*

Wie es einmal weitergehen könnte, wenn die Mutter wirklich pflegebedürftig werden sollte, war im Familienkreis noch kein Thema: *»Wir haben nie darüber gesprochen, ob sie jetzt lieber in ein Heim will oder lieber daheim gepflegt werden will.«* Aber er sieht die Grenze dann erreicht, wenn die Betreuung und Pflege *»so viel*

> *Raum einnimmt, dass man das neben einem Fulltime-Job eigentlich nicht machen kann«.* Und wenn er auch eine Heimunterbringung bedauern würde, sieht er der Zukunft realistisch entgegen, wenn er abschließend meint: *»Da ist ja auch keinem gedient, wenn dann alle nach einem Vierteljahr am Boden liegen.«*

Abbau, Kommunikationsverlust und Isolation

Am meisten leiden viele Männer unter den unaufhaltbaren geistigen und körperlichen Abbauprozessen bei ihren pflegebedürftigen Angehörigen.

> Andreas A. findet: *»Das ist echt heftig. Also wenn man mitkriegt, dass ein Mensch rückwärts läuft, so wie ein Mensch als Kind das Laufen lernt, so geht es im Alter dann wirklich zurück und das Sprechen wird verlernt und man ist dann irgendwann nur noch da und will essen und gewindelt werden.«*

> Jochen J. findet bei der Pflege seiner 80-jährigen Frau am belastendsten, *»dass der Zustand sich immer verschlechtert ... Jedes Mal, wenn man sich einigermaßen einrichtet und dann froh ist, dass es bleibt, man hat sich irgendwie mit dem Zustand arrangiert, dann kommt irgendwie irgendwas und es gibt wieder einen Ruck nach unten.«*

> Eugen E. leidet bei seiner dementen Mutter immer wieder darunter, *»zuschauen zu müssen, hilflos zuschauen zu müssen, wie immer weniger geht«.*

> Für Manfred M. ist die Verzweiflung seiner Tante *»eine schwierige Situation, einfach zu spüren, dass sie manchmal einfach haltlos verzweifelt ist. Dass sie einfach nicht weiß, wie sie das jetzt organisieren soll, und dann völlig*

*kopflos handelt und völlig aufgeregt ist und eigentlich
erst mal wirklich runtergeholt werden muss.«*

Die mentalen Abbauprozesse führen zu einer zunehmenden Einschränkung der verbalen Kommunikation, die
viele Männer sehr einsam macht.

*»Belastet hat mich und es belastet mich an sich immer
wieder, dass ich überhaupt nicht mit ihr in Kontakt treten kann über Worte und dass sie, egal, was ich sage,
das einfach nicht versteht. Das ist nach wie vor belastend, einfach aus der Vorgeschichte, wenn man halt so
lange verheiratet war wie wir, über 30 Jahre, dann hat
man da schon ein bisschen viel Gemeinsamkeiten.«* So
beschreibt Bruno B. das Leben mit seiner schwer dementen Frau.

*»Ja, das ist das Schlimme, dass sie alles versteht und al-
les weiß«,* sagt Kurt K. über seine Frau, die nach einem
Schlaganfall nicht mehr sprechen kann.

Ludwig L. fühlt sich oft sehr alleingelassen. Er bezeichnet seine schwer demente Frau als *»eine lebende Puppe.
Das Einzige ... wo sie mir gegenüber Rückmeldungen
gibt, sind die Augen. Sie spricht seit drei Jahren kein
Wort mehr.«*

Zu der kommunikativen Einsamkeit kommt auch die äußere Isolation, die Tatsache, immer weniger das Haus verlassen zu können und sich eingesperrt zu fühlen.

*»Was mir an meisten schwerfällt, ist, dass ich natürlich
vollkommen eingesperrt bin«,* klagt Jochen J.

Paul P. kann seine kleinen Freiheiten überhaupt nicht
mehr genießen: *»Was mich ganz, ganz stark belastet bei*

der Pflege, dass ich nicht mehr flexibel bin und nicht mehr rausgehen kann, wann ich möchte. Also, die zweimal vier Stunden in der Woche, wo meine Helferin kommt, die sind jede Woche absolut verplant, da habe ich sogar Stress, wenn ich rausgehe.«

Ludwig L. spürte, dass ihn nur noch ein beherzter Schritt in die Öffentlichkeit vor der Vereinsamung bewahren würde. *»Und eine gewisse Vereinsamung war am Anfang da, weil man einfach nicht so in die Öffentlichkeit gegangen ist.«*

Für Ulrich U. sind gelegentliche Auszeiten und Urlaube wichtig: *»Ich muss jetzt auch irgendwann mal eine Woche abschalten.«* Doch das ist nur schwer für ihn zu organisieren. *»Da muss ich halt einen riesen Aufriss machen, wenn ich jetzt in Urlaub gehe für eine Woche, mit Pflegedienst und hin und her. Und wohl ist einem dabei halt auch nicht. Irgendwie, so weitere Reisen gehen gar nicht, ich muss halt irgendwohin, wo ich auch schnell wieder zurück kann.«*

Auch Eugen E. bedauert, *»ich war praktisch nicht in der Lage wirklich für mich meinen Urlaub zu beanspruchen, der mehr als 'ne Woche pro Jahr dauert«*.

Für Jochen J. ist die Beziehungspflege zu Freunden und Bekannten einfach nicht mehr möglich. *»Ja, mein Gott, wir kommen ja nicht mehr fort, ich komm ja nirgends mehr rein.«*

Darüber hinaus werden viele Männer immer einsamer, weil sich ihre Freunde von ihnen zurückziehen.

Ignatz I. stellt enttäuscht fest: *»Damals, beim Tod meiner ersten Frau, jeder sagt, wenn du Hilfe brauchst, wir* *sind da und so weiter und so weiter. Das ist meistens rhetorisch ... Also, man muss da selber irgendwann sehen, wie man die Verbindungen knüpft ... Es sind viele die – es bröckelt immer so ein bisschen ab.«*

Ähnlich äußert sich Kurt K.: *»Wenn so etwas ist, wie mit meiner Frau, verlieren Sie Ihr ganzes Umfeld. Langsam aber sicher geht das auseinander ... Die sagen wohl, wir müssen mal wieder zusammen mittagessen gehen und dann müssen wir mal wieder, aber das ist eine ganz andere Welt ... Und dann verliert sich das auch ganz schnell, auch mit denen, mit denen wir 30 oder 35 Jahre in Urlaub gefahren sind und sehr gut befreundet gewesen sind ... Können Sie auch nix machen, das ist so. Sie sind jetzt in einer anderen Liga.«*

Norbert N. hat den Eindruck, dass seine Fürsorge für die Mutter als wenig sexy erlebt wird. *»Im Freundeskreis, im Bekanntenkreis, haben sie mal wenig Verständnis gehabt. Eine Frau, die sagt immer, du gibt's dich halt immer bloß mit alten Leuten ab!«*

Auch Paul P. sieht sich von allen verlassen. *»Ihre Freundeskreise kommen alle nicht mehr ... Und dann hat sie noch einen Kreis gehabt von der Kirche, die kümmern sich auch nicht mehr um sie, wenn ich da welche treffe von der Kirche oder von ihrem Exfreundeskreis, die fragen nicht mal, wie es ihr geht. Das ist also total abgebrochen.«*

Ludwig L. hat besonders seiner Kirchengemeinde gegenüber einen heftigen Groll. *»Der Gemeinde gegenüber und somit auch der Obrigkeit, sprich also den Pfarrern hier, da ist eine ganz, ganz große Enttäuschung und auch ein kompletter Rückzug da ... Meine Frau hat über fast 25*

Jahre lang die Krippenfeier gemacht ... 80 bis 100 Kindern ... Ich persönlich hätte erwartet, dass entweder ein Pfarrer oder ein Kirchengemeinderatsmitglied ... dass einfach jemand mal vorbeikommt. Es gibt ja bei uns im katholischen Bereich die Krankenkommunion, und da muss ich sagen, heute nach sechs Jahren brauche ich da drauf nicht mehr warten, dass jemand vorbeikommt. Es ist niemand vorbeigekommen. Und das ist die, ich sage es ganz bewusst, diese maßlose Enttäuschung.«

Dieter D.

»16 Jahre Hoffnung und Enttäuschung.«

16 Jahre dauerte die Leidensgeschichte seiner Frau, von der Erstdiagnose »Hirntumor« mit 47 Jahren bis zu ihrem Tod vor drei Monaten. Es ist eine lange und erschütternde Krankheitsgeschichte, eine Geschichte, die der ehemalige Verwaltungsbeamte minutiös erzählt. Eine Geschichte unzähliger Klinik- und Rehaaufenthalte, Operationen, Bestrahlungen und Therapien, die allesamt keine wirkliche Besserung brachten, bis dann ein Oberschenkelhalsbruch zur endgültigen Pflegebedürftigkeit führte. Mit 63 ging Dieter D. in vorzeitigen Ruhestand, um seine Frau versorgen zu können. Nur wenig später, *»da hing dann praktisch alles an mir, sozusagen, der Haushalt und die Pflege der Frau, Tag und Nacht. Dann hatte sie auch noch Probleme mit der Blase, Inkontinenz. ... Also, der Hausarzt hat gesagt, Sie sind in der Lage, Sie müssen quasi drei Schichten abdecken. Was in den Krankenhäusern drei machen, müssen Sie als Einziger, als Einzelner machen. Und das war natürlich schon stark belastend, ganz klar. Ich wundere mich eigentlich heute, dass ich das überhaupt durchgehalten habe.«*

Wie so oft ist auch hier die Pflegesituation in einem allmählichen, schleichenden Prozess entstanden, bei dem sich nicht sagen lässt, wann die Anforderungen dem Pflegenden über den Kopf wuchsen. *»Sobald Sie also jemand zu pflegen haben, also mindestens ab Pflegestufe 2, möchte ich sagen, da existieren Sie selber überhaupt nicht mehr. Da sind, das kann man jemand, der es nicht selber erlebt hat, gar nicht richtig plausibel machen ... Ich denke, Sie kommen zu nichts mehr, da liegen noch Bücher und Zeitschriften und Sachen von Jahren, wo ich alles mal lesen wollte, und drinnen auch noch, das ist aus, vorbei gewesen.«* Auf die naheliegende Frage, warum Herr D. in dieser Situation, neben der gelegentlichen Unterstützung von der Tochter, keine Hilfe von außen geholt habe, meint er: *»Wir waren immer drauf aus, möglichst selber zurechtzukommen, das war vielleicht bisschen ein Fehler. Also, das ist ein Manko.«*

Allerdings wollte der »überforderte Einzelkämpfer« seine Frau auch nicht mit einer Fremdhilfe belasten: *»Es war ihr Bestreben und ihr Lebensinhalt, eine gute Ehefrau und eine Mutter zu sein und sie hat dann den Mann versorgt und das Kind und so weiter und jetzt ist sie dann halt in die Rolle reingerutscht, sozusagen, wo sie nicht mehr umsorgen konnte, sondern umsorgt werden musste. Und da habe ich den Eindruck bei meiner Frau gehabt, dass ihr das seelisch sehr zugesetzt hat. Also, sie wollte eigentlich nie in der Situation sein, dass sie auf fremde Hilfe angewiesen ist, dass andere quasi nur noch für sie da sein müssen, selber, sozusagen von ihrem Leben kaum mehr oder nichts mehr haben.«* Erst in den letzten Lebenswochen seiner Frau zog Herr D. dann noch professionelle Unterstützung und Begleitung durch einen ambulanten Hospizdienst hinzu.

Trotz aller Belastungen kann Herr D. dieser Zeit jedoch etwas Gutes abgewinnen. *»Das Positive jetzt für mich, das ist eigentlich, dass ich so im Laufe der Zeit in den gesamten Haushalt reingewachsen bin, mit Einkaufen, mit Putzen, mit Waschen, mit Bügeln und all diesen Dingen, die ganze Hausarbeit. Auch zum Teil kleinere Sachen, Kochen und so, das empfinde ich eigentlich als sehr positiv, weil seit meine Frau tot ist – ich meine, ich habe keine Probleme hauswirtschaftlicher Art. Da gibt es andere Fälle, wenn die Frau, sagen wir mal von heute auf morgen durch einen Herzinfarkt oder sonst einen Schlaganfall stirbt, und immer der Mann umsorgt war, die standen von einem Tag auf den anderen wie vorm Nichts, kann man sagen ... Solche Männer, die trifft es natürlich gewaltig, wenn von heute auf morgen die Frau, die bisher alles gemacht hat, wegbricht, also, die sind natürlich in einer total schlechten Situation, in der bin ich, Gott sei Dank, nicht.«*

Drei Monate nach dem Tod seiner Frau sind dem blassen, hageren 70-Jährigen noch immer die Strapazen anzusehen. Selbst emotional scheint er regelrecht ausgelaugt, wie er seine lange Leidensgeschichte sachlich und fast ohne sichtbare Emotionen schildert. Man glaubt ihm, wenn er sagt: *»Ich wundere mich eigentlich heute, dass ich das überhaupt durchgehalten habe, und ich muss auch sagen, dass es mir heute schlechter geht als zu der Zeit, wo ich rund um die Uhr im Einsatz war.«* Nach der langen Pflegezeit hat er noch keine Energie und Kraft, um mit seiner späten Freiheit und seinem Leben etwas Neues anzufangen oder an seinen alten Interessen anzuknüpfen. *»Also, das Einzige, was ich eigentlich etwas mag, das ist, dass ich mich mehr bewege. Also mal Spaziergänge mache, und so musste ich allerdings, wie* *gesagt, feststellen, dass ich durch diese lange Zeit des Nichtstuns auch physisch ziemlich abgewirtschaftet habe. Also wenn ich heute länger als eine Stunde an einem Stück laufe, da bin ich dann fix und fertig. Also da muss ich mich zuerst mal wieder auch trainieren.«*

Nun spürt er auch seine Isolation, in die er durch die Pflege, durch eine sogenannte Pflegedyade – das ist die ausschließliche Verengung und Beschränkung des Pflegeverhältnisses auf Pflegenden und Gepflegte – geraten ist. Ein Zustand, in dem die Außenwelt immer unwichtiger wird. So meint Dieter D. auf die Frage, ob er nicht doch jemanden von außen gebraucht hätte: *»Ich glaube, man hätte wahrscheinlich gar keine Zeit dazu gehabt. Weil ich, gut, ich mein, ja, also wissen Sie, da sind Sie so eingespannt, da kommt Ihnen das – das Bedürfnis ist eigentlich gar nicht so hochgekommen, da sind Sie immer am Machen.«*

Inkontinenz, Ekel, Scham

Intimpflege und Inkontinenz erwähnen viele Männer eher beiläufig oder sie sprechen davon sogar nur auf Nachfrage. Für viele Männer bedeutet der Umgang damit jedoch eine hohe Schwelle, die, wie bei Paul P., dann sogar zur Heimunterbringung führen kann.

Rainer R. bekennt freimütig: *»Also, also jetzt mal ganz krass gesagt, ich hätte mir nie früher vorstellen können, dass ich meiner Frau mal den Po abputzen muss. Also, allein die Vorstellung, das war unvorstellbar, das kannst du nicht. Aber das geht komischerweise. Das kommt, wenn man muss, geht's. Und ich hab auch kein Problem damit.«*

Bruno B. beschreibt seinen Umgang mit der Inkontinenz als einen »*Lernprozess im Kopf*«: »*Und dann hatte ich natürlich Probleme logischerweise bei Inkontinenz ... Mit der Darminkontinenz habe ich immer noch Probleme ... da braucht es am Anfang Selbstüberwindung.*«

Paul P. kam mit der Inkontinenz seiner Frau nicht zurecht, fühlte sich alleingelassen und kam so an seine Grenzen, dass er sie daraufhin im Heim unterbrachte. »*Und dann war ich dann, wo sie dann vom Krankenhaus zurückkam, völlig überfordert mit der Situation, mit der Inkontinenz. Das ist eigentlich ein Punkt, der sicher auch für viele andere Männer zutrifft ... Mir haben auch die Mittel gefehlt und das Know-how, die Inkontinenz in Griff zu kriegen.*«

Eugen E. glaubt, dass seine Mutter »*bei der Körperpflege, bei der Intimpflege Probleme damit hätte. Ja, dass sie das ungern akzeptieren würde ... Ich kann es mir zwar vorstellen ... aber für meine Mutter wäre das sicher nicht angenehm. Ja, da bin ich ziemlich sicher, das ist dann besser, wenn das entweder eines der Mädels oder eine fremde Pflegeperson ist, die hinlänglich freundlich ist, zugewandt ist.*«

Neben diesen häuslichen Belastungen kann das Verhalten Demenzkranker ihre pflegenden Männer in peinliche und beschämende Situationen bringen.

Für Ludwig L. war es eine große Überwindung, mit seiner dementen Frau am öffentlichen Leben teilzunehmen. »*Am Anfang bin ich ja auch nicht nach draußen gegangen ... ich hab immer das Gefühl gehabt, alle Leute gucken auf uns ... Wenn wir in die Wirtschaft hineingelaufen sind und da war jetzt neben dem Gang ei-*

ner, der Pommes gehabt hat, dann hat meine Frau einfach hingelangt und Pommes geholt. Oder wo wir jetzt am Tisch waren, nach allen Gläsern hat sie gegriffen, bloß nicht nach ihrem. Es sind also so Dinge gewesen, wo ich mich sehr unwohl gefühlt hab.«

Bruno B. berichtet von beschämenden Erfahrungen in der Straßenbahn. *»Der Wagen ist voll besetzt und wir setzen uns irgendwo dazu und jetzt sitzt sie da und bohrt sehr ausgiebig in der Nase und steckt nachher ihren Finger in den Mund, das ist natürlich am Anfang etwas, wo man rot wird, ob nun wirklich tatsächlich … innerlich meint man auf jeden Fall, mein Gott, wie kannst du es abstellen.«*

Franz F.

»Lieber im Stehen sterben, als schön im Liegen leben!«

Fast eine Stunde ohne Unterbrechung schildert Franz F. seine 83-jährige Lebens- und Leidensgeschichte. Als der Wolgadeutsche sechs Jahre alt war, verhungerten beide Eltern, und der kleine Bub wurde von Familie zu Familie geschickt, musste hart arbeiten, um zu überleben. Mit 14 wurde er mit seiner Schwester nach Sibirien verbannt, *»so wie ich angezogen war … ich war barfüßig, und so kamen wir nach Sibirien«*, und schlug sich unter anderem als Knecht, Holzfäller, Bauarbeiter, Hafenarbeiter, Heizer durchs Leben, per Abendschule absolvierte er Ausbildungen zum Chauffeur und Mechaniker. Mit 19 lernte er seine Frau kennen, *»die war schon etwas krank und die hat mir leid getan und ich hab mich verliebt in sie und da haben wir uns zusammenschreiben lassen [heiraten] und dann mussten die sie loslassen [Reise-*

genehmigung].« Mit ihr und schließlich vier Kindern ging die Odyssee durch Russland weiter, »*meine Frau ist krank geworden, mit der Krankheit, die sie jetzt hat*«, bis ihm vor 13 Jahren, er war bereits 70, endlich die Ausreise nach Deutschland genehmigt wurde.

Seit acht Jahren pflegt Franz F. seine an schwerem Parkinson leidende Frau »*rund um die Uhr*«. Sie liegt die meiste Zeit im Bett und wird von ihm gelegentlich mit dem Rollstuhl auf die Galerie vor ihrer kleinen Zweizimmerwohnung geschoben, die im ersten Obergeschoss liegt, die Treppen können sie nicht mehr bewältigen. »*Waschen ist großes Problem*« in dem für Pflege ungeeigneten Bad; bislang erfolglos hat er sich um einen barrierefreien Umbau seiner städtischen Sozialwohnung bemüht. Er ist stolz auf seine Pflege, »*sie wundern sich selbst, wenn sie kommen aus dem Krankenhaus [und sagen], ja, das ist richtig so, alles sauber, ist alles gemacht … Sind viele Leute, die wo sich nicht dreimal in der Woche ganz körperlich waschen. Und ich dreimal in der Woche unbedingt.*« Da kommen ihm die Erfahrungen seiner harten Kindheit in der Fremde zugute: »*Und pflegen tu ich meine Frau, aus, wenn ich's so sagen muss, aus Kinderlernen. Was ich gelernt habe in meiner Kindheit … das war wie, als würde das speziell von Gott aus so sein … Bei den elf Familien, wo ich gearbeitet habe, immer mit den Kindern war ich beschäftigt.*«

Aber die Intimpflege seiner Frau fällt ihm auch nach acht Jahren nicht leicht. »*Das Schwerste ist für mir, weil sie eine Frau ist. Man muss sie waschen … sie ist alt, sie macht sich ein, es kommt unterschiedlich vor, und das ist kein Kleinkind, das man mit zwei Händen an den Beinen nimmt und in die Höhe und abputzen, dann ist es fertig. Ein alter Mensch, wenn der sich einmatscht,* man macht ihn sauber, aber wenn man ihn nicht wäscht, stinkt es, wenn man die Wahrheit sagt.« Und so gibt er ganz freimütig zu: »Nur ich tät lieber nicht pflegen, lieber tät ich schwere Arbeit machen, Heu mähen oder was mit den Schleppern oder alle andere Arbeit.«

Unterstützung bekommt Herr F., der bereits Urgroßvater ist, von Frauen aus der Nachbarschaft, sein Sohn kauft ein und auch die Tochter schaut regelmäßig nach den beiden. Einen Pflegedienst nimmt er nicht in Anspruch. »Ich habe so probiert ... das muss ich bezahlen ... und die kommen nicht. Die sitzen nicht und warten ... sie kann nicht allein abführen ... Die [Abführ-]Tropfen fangen an zu arbeiten, gleich bis zwölf Stunden, bis das mal alles entgegenkommt ... Und dann kommen sie, und da hab ich schon alles gemacht, ich kann doch die nicht, verzeihen sie mir, ganz eingemachte scheißig Pampers ... das muss alles gesäubert werden, das muss weggeschmissen werden, sie muss gewischt werden.«

Wo der »überforderte Einzelkämpfer«, der selbst seit 26 Jahren insulinpflichtiger Diabetiker ist, so an seine Grenzen kommt, ist die Frage nach der Alternative Heim naheliegend. Aber das ist für ihn nicht vorstellbar. »Ich hab geheiratet in 46. Jahrgang, das sind jetzt schon 64 Jahre, wo ich mit ihr lebe, und wie soll ich sagen, wir hatten ein schweres Leben (ihm kommen die Tränen), ein sehr schweres ... Und [wir haben] die Kinder großgezogen, das war nicht so wie hier, so sozial ... Wenn du Tag und Nacht gearbeitet hast, dann haben sie dir eine Wohnung gegeben ... Ich kann sie nicht ins Heim tun. Sie will nicht ins Heim. Und sie hat auch schon einmal gesagt, und das lasse ich mir das zweite Mal nicht mehr sagen: Wir haben so lange gelebt, so schwere Zeit haben wir durchgemacht, und jetzt willst du mich ins Heim geben! *Das kann ich auch nicht, das ist ja auch nicht menschlich ... Ich will nicht haben, dass meine Kinder später sagen, du hast deine Frau jetzt oder Mama, hast sie fortgeschafft, dass es dir besser geht. Lieber im Stehen sterben als wie schön im Liegen leben.*«

Man sieht dem gepflegten alten Herrn sein schweres Leben und seine 84 Jahre überhaupt nicht an. Vielleicht liegt es unter anderem an seinem asketischen Lebenswandel: »*Ich hab niemals keine einzige Zigarette geraucht. Und trinke nicht. Überhaupt nicht. Gar nichts ... und wenn mich jemand fragt, willst du trinken Bier oder was, ich sage immer, bei mir ist die allerstärkste Flüssigkeit Pfefferminztee.*« Oder aber auch an seinem unerschütterlichen Gottvertrauen: »*Ich hab schon oft gesagt, wenn du's auch nicht willst oder glaubst an Gott, das ist alles so, als wie Gott es geschaffen hat.*« Eine seiner Erklärungen für seine Energie und Kraft ist seine Kindheit: »*Wie schaff ich's? ... Wahrscheinst weil ich ohne Eltern groß geworden und so viel Unrechtes gesehen habe.*« Mit Blick auf die Zukunft hofft er auf seine andere Tochter. »*Sie will hierherkommen ... Und da könnte die uns nehmen, nimmt meine Tochter vielleicht sie. Und ich geh ins Heim.*« Und in jedem Fall sieht er sein Leben begrenzt: »*Ich brauch mich hier nicht mehr lange quälen. Sowieso, entweder stirbt meine Frau oder sterbe ich. Wir sind alle zwei alt* [lacht]*, wir müssen sterben.*«

Schuldgefühle

Die für die meisten Männer neuen Tätigkeitsfelder Hauswirtschaft, Betreuung und Pflege, belastende Situationen, herausfordernde, manchmal auch aggressive Verhaltensweisen der Betreuten und eine zunehmende körperliche und seelische Überforderung können zu Situationen führen, die bei den pflegenden Männern Schuldgefühle erzeugen.

Bruno B. erinnert sich an Anfangssituationen der Betreuung: *»Es war für mich ein bisschen schwierig, weil ich die Krankheit ja vielleicht nicht in der Ausprägung verstehen wollte, Schrägstrich nicht verstehen konnte. Ich war also am Anfang oftmals etwas sehr unwirsch, wenn sie plötzlich irgendwelche Dinge nicht mehr wusste, die sie gestern noch wusste ... Dann reagiere ich da vielleicht etwas unwirsch am Anfang, bis ich es dann bei mir eingespeichert habe, das ist die Krankheit, das ist halt jetzt so, fertig, aus, Amen.«*

Günter G. können die permanenten Fragen seiner dementen Frau *»schon manchmal zur Weißglut bringen ... Und das wiederholt sich aber am Tag weiß Gott wie oft, ›Wann darf ich da wieder hin?‹, und das kann einem manchmal die Galle hochtreiben. Manchmal sagt man auch etwas, was einem nachher wieder leid tut, aber man ist ja nicht immer gleich drauf.«*

Ludwig L., der für den gelassenen Umgang mit seiner schwer dementen Frau gelobt wurde, entgegnete: *»Bin ich froh, dass ihr mich vor drei Jahren nicht kennen gelernt habt. Heute noch würde ich meine Frau gerne an die Wand bäbben, hab ich gesagt, und auf Schwäbisch gesagt, auch manchmal den Kragen rumdrehen.«* Herrn L. bringt, wie er es bezeichnet, seine *»Unfähigkeit«* an die Grenze. *»Wenn ich merke, Mensch, wärst du beispielsweise fünf Minuten früher auf Toilette gegangen, dann wäre die Hose nicht nass. Oder ein bisschen mehr Geduld, Sanftmut beim Essengeben, dann wäre die Bluse nicht, müsstest du nicht wieder waschen.«*

Paul P. holte seine demente Frau aus dem Pflegeheim wieder zu sich nach Hause, da er das Gefühl hatte, »*ich kann noch pflegen, ich bin körperlich, geistig, psychisch und physisch noch in der Lage und ich pflege nicht. Ich habe also meine Frau ins Pflegeheim abgeschoben, das war eigentlich mit der Hauptgrund, das hat mich schon von Beginn an irritiert, dass ich zu Hause war und ich hätte noch pflegen können.*«

Zu Schuldgefühlen kann nicht nur das eigene Verhalten der pflegenden Männer beitragen, sondern auch die Wünsche und Forderungen der gepflegten Ehefrauen.

Mit der Haushaltshilfe, die Günter G. einmal wöchentlich unterstützt, ist seine Frau nicht einverstanden. »*Als das meine Frau mitbekommen hat, hat sie des Öfteren geheult und gesagt, ich will niemand in der Wohnung und so dreckig ist es bei uns nicht ... Sie hat früher selber auch geputzt und hat alles gemacht und jetzt kommt jemand, muss ihr das sozusagen machen.*«

Cedomir C. verzichtet auf die Unterstützung eines Pflegedienstes, weil das seine Frau belasten würde. »*Wenn jemand anders kommt zum Pflegen als ich, dann meine Frau sehr traurig ist, sehr ärgerlich ist, weil [sie dann denkt], ich bin so schwach, ich kann nicht meinem Mann helfen und mein Mann muss sich andere suchen zum Helfen.*«

Und auch Herr D. wollte seine Frau nicht mit einer Fremdhilfe belasten: »*Es war ihr Bestreben und ihr Lebensinhalt, eine gute Ehefrau und eine Mutter zu sein, und sie hat dann den Mann versorgt und das Kind und so weiter und jetzt ist sie dann halt in die Rolle reingerutscht, sozusagen, wo sie nicht mehr umsorgen konnte, sondern umsorgt werden musste. Und da habe ich den Eindruck bei meiner Frau gehabt, dass ihr das seelisch sehr zugesetzt hat.«*

Eine erfahrene Pflegedienstleiterin, die viel mit Männern in der häuslichen Pflege zu tun hat, spricht nicht sehr positiv über pflegebedürftige Ehefrauen: *»Frauen als Pflegebedürftige machen oft ihre Spielchen mit den Pflegenden. Sie selbst ist noch fit im Kopf, sie hätte gerne, möchte am Leben teilnehmen. Der tut auch alles dafür und jetzt benutze ich den als meinen verlängerten Arm – der muss jetzt gewissermaßen mein Leben führen, 24 Stunden am Tag ... Der ganze Tagesablauf wird von dem zu Pflegenden gedacht und der [Pflegende] hin- und hergescheucht ... Der Mann wird energetisch total ausgeschlachtet.«* Als Gründe hierfür sieht sie: *»Endlich kommt sie mal dran, noch nie hat sie so viel Aufmerksamkeit bekommen, es ist eine gewisse Rollenumkehr. Sie hat auch Zeit, sich all das zu überlegen, der andere ist nur am Agieren, der kommt kaum hinterher, sie ist ja ausgeruht ... Männer sind weniger gut in manipulativen Spielchen, brauchen das nicht so. Frauen führen schon gern subtil zwischen den Zeilen. Der Mann meint zwar, er würde es tun, aber eigentlich tut sie es.«* Insgesamt sieht sie *»sehr viel destruktive Macht«*.

Oskar O.

»Wie ich das alleine gemacht habe,
ist mir heute noch ein Rätsel.«

Mit 18 kam Oskar O. an die Front und wurde in Russland so schwer kriegsverletzt, dass er fast zwei Jahre im Lazarett liegen musste und nur durch ein Wunder über-

141

lebte. Im Krankenhaus lernte er seine spätere Frau kennen, die ihn regelmäßig besuchte und betreute. Und darum war es für ihn »*eine Katastrophe, ich hätte das nie, nie, nie zugelassen*«, dass er seine an Alzheimer erkrankte Frau vor einem Jahr ins Heim geben musste. Sieben Jahre pflegte der heute 84-Jährige seine Frau alleine, und dies trotz seiner 90-prozentigen Kriegsbeschädigung. Für den Medizinischen Dienst der Krankenkassen hat er in jener Zeit seinen Tagesablauf notiert:

»*8:30 Gymnastik, Toilette, Morgentoilette, kleine Wäsche, Zahnputzen, Hautpflege, Medikamente, Ankleiden, kurzes Gebet*

9:00 Frühstück herrichten, Tisch decken, zwei bis drei Brote toasten, Aufschnitt, Wurst, Käse belegen, Eier kochen, restliche Medikamente geben, Igelball- und Luftballonspiele

10:00 Tisch abräumen, Spiele geben

10:10 Wäsche vorsortieren, Waschmaschine füllen

11:15 Toilette, Saft anbieten, auf die Couch legen, Zeitung vorlesen, Gespräch mit Frau

11:30 Essen kochen, Tisch decken, Suppe, Spargel, Petersilienkartoffeln, Karottensalat, Schinken, Nachtisch, Medikamente geben, Getränke, Essen mundgerecht richten, Tisch abdecken, Spülmaschine füllen

13:10 Patient auskleiden, Toilette, zu Bett bringen, Bettruhe

14:30 Wäsche in Trockner geben, teils aufhängen, Tisch decken

16:00 Tee kochen, Brot richten, Tisch abräumen, spülen, Spülmaschine füllen

16:30 Spiele machen

17:00	*Wäsche zusammenlegen, teilweise bügeln, in Schrank einräumen*
18:30	*Tisch decken, Vesperbrote herrichten, Salat, Getränke, Tomaten*
19:10	*Medikamente geben und für morgen herrichten*
21:00	*Toilette, Abendtoilette, Franzbranntwein ein-reiben, Haut-, Nagelpflege, Abendgebet*
0:15	*Toilette und Trinken geben*
3:10	*Toilette*
5:30	*Toilette.«*

»*Wie ich das alleine gemacht habe, ist mir heute noch ein Rätsel*«, wundert sich der »erschöpfte Kooperateur« zurecht. Aber da gibt es die Erinnerung an die umge-kehrte Situation im Lazarett und sein Eheversprechen. »*Also, ich habe schon immer den Wunsch und auch die Pflicht gehabt, getreu dem Spruch unserer Ehe, wie wir sie geschlossen hatten, das durchzuziehen. Weder aus-zuweichen in guten und in schlechten Tagen, das mitzu-machen.*« Entlastung schaffte er sich dann durch eine Betreuungsgruppe für demenziell Erkrankte, in die er seine Frau zweimal pro Woche brachte. Mit dem Fort-schreiten der Erkrankung brauchte er schließlich die Unterstützung von osteuropäischen Hilfen, wo in knapp zwei Jahren »*insgesamt elf Damen*« seine Frau mit ver-sorgten. Am Ende war er, als seine Frau nach einem Krankenhausaufenthalt völlig immobil nach Hause ent-lassen wurde. »*Das Krankenhaus schmeißt die Leute raus.*« Es stand keine Haushaltshilfe zur Verfügung und so war es »*auch nach ärztlichem Ermessen nicht mehr möglich, sie auch zu Hause zu versorgen … Und so war die Situation die, dass ich im Grunde genommen Gott froh sein muss, dass ich überhaupt einen Pflegeplatz hier bekommen habe … Das war ein Muss. Ich konnte nicht anders.«* Aber dieser Schritt fiel Oskar O. alles andere als leicht: *»Ich hatte mir fest vorgenommen, nachdem ich einige Heime besichtigt hatte, dass ich das meiner Frau nicht antue, dass ich sie mal in ein Pflegeheim gebe.«*

Jetzt ist der frühere Beamte jeden Tag von vier Uhr bis sieben Uhr nachmittags bei seiner Frau im nahegelegenen Pflegeheim, um ihr vorzulesen, etwas zu singen und ihr vor allem das Essen zu geben. *»Das heißt, man muss sie, man muss sehr viel Geduld aufwenden, wenn man sie füttert. Das Mittagessen kostet normalerweise schon fast eine Stunde für eine Pflegekraft, die das macht, und abends ist es auch nicht viel weniger beim Abendbrot. Die Alternative, wenn man das Essen nicht selbst gibt, ist natürlich die, dass dann eben der Patient im Laufe der Zeit gar kein Essen mehr aufnimmt, beziehungsweise von den Schwestern vermerkt wird: der Patient verweigert. Dann kommt die Magensonde.«* Mittags kommen seine Kinder, um ihrer Mutter das Essen zu reichen.

Herrn O.s Hoffnung ist, *»dass ich so alt werde, dass ich meine Frau überlebe. Damit ich ihr wenigstens so lange noch ein bisschen etwas tun kann, was Gutes tun kann. Sie hat sehr viel für mich getan. Sie hat die Kinder großgezogen.«* Und er spürt die Dankbarkeit seiner Frau, wenn *»dann ein kleines Lächeln, ein kleines Lächeln von ihr nur einen dann wiederum voll entschädigt hat«.* Was seine weitere Zukunft betrifft, meint Oskar O.: *»Ich möchte halt gern, dass ich meine Frau überlebe. Trotz aller Misslichkeiten, die damit verbunden sind, rein körperlicher und geistiger und seelischer Art. Wissen Sie, das Alter ist nicht immer schön. Das Alter hat auch an-*

144

dere Tage. Wenn man morgens aufwacht und hat Kopf-
schmerzen, es geht einem nicht gut, das Bein tut weh
und so weiter. Das ist nicht immer ein Honigsaum, das
Alter. Das Alter ist eine Gnade. Es ist eine Gnade von
Gott natürlich. So lange man sich selbst und den ande-
ren keine Last ist, aber nur so lange. Ja, so ist es.«

Eigene Krankheiten

Fast alle Pflegenden sind bereits jenseits der 70, vier schon
über 80 Jahre alt. So überrascht es nicht, dass einige von
ihnen selbst so sehr durch eigene Krankheiten eingeschränkt sind, dass dies die Pflege zusätzlich erschwert.

Franz F. erwähnt nur nebenbei, dass er schon seit 26
Jahren insulinpflichtiger Diabetiker ist. Günter G. lebt
mit einem künstlichen Schließmuskel nach einer Pros-
tataentfernung; ein Bandscheibenvorfall kam hinzu. Ein
Bandscheibenvorfall macht auch Jochen J. schwer zu
schaffen. Kurt K. leidet immer wieder unter rheumati-
schen Schüben. Paul P. hat Parkinson.

So weiß der 81-jährige Jochen J. nicht, *»wie lange ich*
das noch machen kann. Und dass ich mich halt jedes
Mal aufraffen muss, wenn es schwerer wird … und
irgendwann geht es halt auch nicht mehr, und was ich
dann mach, das weiß ich auch nicht.«

Kurt K. sagt: *»Ja, zum Beispiel hab ich Rheuma hin und*
wieder. Und ich hab jetzt wieder so einen Schub gehabt
… Und das ist in den Knien, das ist überall, gell? Und
wenn ich sie dann raufziehen muss oder so, dann komm
ich langsam an meine Grenzen. Oder wenn ich sie auf-
heben müsste, das wäre also, das schaff ich nicht.«

145

Zu somatischen Beschwerden kommen auch psychische Probleme. Vor allem depressive Verstimmungen, aber auch diagnostizierte schwere Verstimmungen überraschen nicht, angesichts der Schwere der Belastungen, der Ausweglosigkeit, der mangelnden Zukunftsperspektiven.

Jochen J. kämpft gegen seine depressiven Schübe an: *»Obwohl auch das natürlich nicht so ist, dass man das immer durchhält und so. Man hat immer schwere Sachen und Depressionen und schwierige Zeiten. Aber bis jetzt ist das immer noch vorbeigegangen. Und das ist ja übel, Depressionen habe ich schon Jahrzehnte, schon im Beruf gehabt und so.«*

Paul P., der sich in einem tiefen Loch sieht und die Einsamkeit mit seiner sprachlos gewordenen Frau oft nur schwer aushält, geht regelmäßig zur psychologischen Beratung, da ihm wichtig ist, *»dass jemand zur Seite ist, der nicht nur so oberflächlich tröstet, sondern der wirklich Tipps geben kann, die demjenigen was nützen, der in das Loch reingefallen ist, dass er wieder rauskommt. Aber ich denke mal, dass da vielleicht nur Profis gefragt sind.«*

Siegfried S.

> *»Man hat viel geschafft, hat es auch zu was gebracht und es ist nicht umsonst gewesen.«*

Herr S., 79, pflegt seine gleichaltrige Frau, die seit drei Jahren an einer progressiven, nicht aufzuhaltenden Muskellähmung leidet, die nach wenigen Monaten bis Jahren zum Tod führt. Sie ist vollständig von der Hilfe ihres Mannes abhängig, in den Beinen gelähmt, im Sprechen bereits eingeschränkt. Er muss seine Frau nachts vier- bis fünfmal umdrehen und ihr das Essen reichen. Einmal täglich kommt Unterstützung von der ambulanten Pflege, ihre Tochter putzt und hilft ihnen etwas im Haushalt. Herr S. hatte selbst vor zehn Jahren einen Schlaganfall mit halbseitiger Lähmung, von der noch Reste sichtbar sind. Voriges Jahr hatte er einen Herzinfarkt.

Herr S. wurde 1944, mit 16, nach der Volksschule und einer zweijährigen Lehre, zum Arbeitsdienst und dann in die Armee eingezogen. Nach einem Lungensteckschuss musste er ins Lazarett und kam im Juni 1945 wieder nach Hause. Er arbeitete im elterlichen Betrieb, den er zehn Jahre später übernahm. Dann habe er »*zehn Jahre für Schulden schaffen müssen*«, da der Betrieb faktisch bankrott war und der Vater keine Rente gehabt habe. Der Gerichtsvollzieher begleitete sie über Jahre. Gerade einmal zehn Mark Wochenlohn habe er herausbekommen. Seine Frau, mit der er drei Kinder hatte, trug maßgeblich zum Familieneinkommen bei. Sie betrieb einen eigenen Geschirrladen und bediente von acht Uhr abends bis zum frühen Morgen in der Gastwirtschaft ihrer Eltern. So musste sie über viele Jahre mit drei Stunden Nachtschlaf auskommen. Erst nach zehn Jahren, mit dem Tod des Vaters, kamen sie »*auf einen grünen Zweig*«. Eine neue Werkstatt konnte gebaut werden, die Auftragsbücher waren voll, die Arbeitswoche bestand aus sieben Tagen, »*uns ist die Arbeit in die Hände gelaufen*«. Urlaub gab es maximal zwei, drei Tage, erst vor wenigen Jahren hatten sie einen zweiwöchigen Nordseeaufenthalt. Mit 63 Jahren übergab er den Betrieb an seinen Sohn.

Der »Ruhestand« war ausgefüllt mit Bauprojekten: Ausbau des eigenen Hauses, zu dem er jahrelang nicht gekommen war, Dachausbau in einem weiteren eigenen

Haus, Mithilfe beim Hausbau des Sohnes, Umbau der Wohnung der Schwiegermutter. Nun ist der »überforderte Einzelkämpfer« seit drei Jahren rund um die Uhr für seine Frau da. Der Alltag und die Nacht werden durch die Pflege der Frau bestimmt. Sie spreche manchmal davon, ihn doch ins Heim zu tun, »*wenn er so grob sei*«; manchmal würde er zu fest zupacken, er habe »*eben keine Hebammenfinger*«. Er hat unter ihrer Anleitung das Kochen gelernt und ist derzeit auf der Suche nach einer Putzhilfe. In die Pflege will er aus seiner Familie niemanden einbeziehen. Die Jungen »*hätten andere Interessen*« und Pflege erwarte er eigentlich erst, wenn diese »*älter seien und nix mehr unternehmen würden*«. Einmal in der Woche geht er zu seinem Gesangverein, sonst hat er keine Außenaktivitäten.

Über eine Heimunterbringung hätten sie noch nicht nachgedacht, auch wenn die Frau während eines Kuraufenthaltes von Herrn S. vergangenes Jahr sechs Wochen in der Kurzzeitpflege war. »*Wir hoffen halt, dass es schnell geht.*« Gleichzeitig lässt er in einem Nebensatz durchblicken, dass er sich gerade im Pflegeheim nach einem Platz erkundigt habe. Er selbst gehe ins Pflegeheim »*nicht bei klarem Verstand*«. Am Ende des Gesprächs zieht er eine etwas nachdenkliche Bilanz: »*Man hat viel geschafft, hat es auch zu was gebracht und es ist nicht umsonst gewesen.*«

Materielle Rahmenbedingungen

Häusliche Pflege ist bei guten materiellen Bedingungen einfacher zu gestalten als bei eingeschränkten: wenn genügend Geld vorhanden ist beziehungsweise vorhandenes Geld dann auch für Pflege verwendet wird; wenn die Wohnungsverhältnisse großzügige Lösungen erlauben und Räume auch für Hilfskräfte zur Verfügung stehen; wenn die Berufs- und Einkommenssituation finanzielle und zeitliche Spielräume eröffnen.

Helmut H. weiß, dass seine finanzielle und berufliche Situation als freigestellter Beamter ihm sein breit angelegtes Pflegearrangement ermöglichen und dass sein Betreuungs- und Pflegemodell nicht ohne Weiteres zu verallgemeinern ist. *»Ich habe schon wirklich ganz besonders gute Voraussetzungen für die Pflege. Andere haben das nicht. Wenn ich dann jeden Tag Stress im Beruf habe, Druck im Beruf habe, Familie habe, die noch drückt, die einfach ihr Recht einfordert, ist es sehr viel schwieriger, das zu machen!«*

Franz F. kann mit seiner kaum noch mobilen Frau schon lange nicht mehr das Haus verlassen, zu steil ist die Treppe in das Obergeschoss. *»Waschen ist großes Problem«* in dem für Pflege ungeeigneten Bad; bislang erfolglos hat er sich um einen barrierefreien Umbau seiner städtischen Sozialwohnung bemüht.

Cedomir C. hätte gerne mehr Mittel für gute Lebensmittel. *»Wissen Sie, solche Krankheit, Zuckerkrankheit und Krebskrankheit, Nahrung und alles ist so teuer ... Weil ich möchte Fleisch kaufen, zarte, ganz weiche Fleisch für meine Frau.«*

Rainer R. spricht für viele andere, die nicht wissen, ob und wie sie einen vielleicht gebotenen oder drohenden Heimplatz finanzieren können und darob nur noch eine Lösung ihres Problems sehen: *»Meine Hoffnung ist, dass meine Frau vor mir stirbt, das ist hart gesagt, aber es ist so. Denn wenn ich vor ihr sterbe, wie das werden soll –*

*denn dann müsste sie in ein Heim. Und wie das vom
Finanziellen her zu verkraften ist, weiß ich nicht.«*

Wo eingeschränkte wirtschaftliche Bedingungen gegeben
sind, werden Lösungen gesucht, die auch im rechtlichen
Graubereich liegen können.

Eugen E. stellte – wie auch einige der anderen pflegenden Männer – eine Haushaltshilfe ein, deren legale Finanzierung allerdings ihren finanziellen Rahmen ge-
sprengt hätte. *»Ich bin wirtschaftlich nicht in der Lage,
das aus ausreichenden Mitteln jetzt zu machen ... Also
haben wir uns für den, ich nenn's mal grauen Weg entschieden.«*

Quirin Q.

»Ich war da halt ein bisschen zu altruistisch.«

*»Und dann habe ich mich auch irgendwie in der Pflicht
gesehen, sie pflegen zu müssen, weil sie mich auch aufgenommen hat, wo ich mit 16 daheim rausgeflogen bin
... Ich habe immer zu ihr kommen können. Und dann
habe ich halt gedacht, ich muss das wieder ein bisschen
wettmachen.«* So begründet der heute 26-jährige Quirin
Q. die Übernahme der Pflege seiner Großmutter. *»Also,
ich bin nicht, nicht besonders stolz auf mich, weil das
habe ich für meine Pflicht gesehen. Das ist halt so. Ich
war der Einzige.«* Und so zog er, ohne lange darüber
nachzudenken, zu seiner Großmutter. Zu Anfang schien
alles noch überschaubar. Er brachte *»das Haus auf Vor-
dermann«*, dann ging es um *»waschen, Essen vorbereiten, ans Bett bringen oder an den Tisch, Oma aufstehen
helfen und lauter so Sachen«*. Die nötigen Informationen

hierzu besorgt er sich über Literatur, »*nachlesen und was gucken und einfach probieren*«. Mit einer General-vollmacht kann er für die Großmutter alle rechtlichen Angelegenheiten regeln.

Doch dann verschlechterte sich der körperliche Zu-stand der 95-Jährigen, sie wurde immer dementer, Qui-rin Q. beantragte eine Pflegeeinstufung und zog einen ambulanten Pflegedienst hinzu. Aber die alte Dame, »*ein zeitintensiver Mensch*«, der sich von den Pflegekräften nicht »*kurz nach Schema F*« versorgen lässt, kooperiert immer weniger mit dem Dienst, bis eines Tages »*Oma sie nicht mehr reingelassen*« hat. So übernimmt Herr Q. die Pflege seiner Großmutter nun vollständig eigenver-antwortlich, um ihr noch »*einige glückliche Jahre und das In-Ruhe-daheim-Sterben*« zu ermöglichen. Aber ne-ben seinem Job und seinem Studium gerät Quirin Q. im-mer mehr in eine Überforderungssituation und die Kon-flikte nehmen zu. »*Morgens aufstehen, vorm Schaffen Oma Frühstück richten, schaffen gehen, gucken, ob es ihr gut geht, schaffen gehen, heimkommen … Abends die ganze Sauerei [beseitigen], die meine Oma im Laufe des Tages gemacht hat, die Sauerei, die sie den ganzen Tag hinterlassen hat.*« Die alte Dame verweigert die Be-nutzung des Toilettenstuhls, lehnt es ab, Windeln zu tragen, sodass »*der ganze Popo braun war und so … dann musste ich jeden Tag das Haus putzen. Ja den Weg vom Bett zum Klo, von der Küche zum Bad.*« Sie steht nachts noch »*zehntausend Mal*« auf, klingelt und klopft an seinem Zimmer, verursacht Chaos in der Küche.

Die Beziehung zwischen dem heillos »überforderten Einzelkämpfer« und seiner Großmutter entwickelt sich »*immer mehr ins Negative … die Anerkennung wird immer weniger*« und Quirin Q. gerät zunehmend in die

Überforderung. So reduziert er seine Pflegetätigkeiten immer mehr, schottet sich ab und beginnt abends, um zu seiner Nachtruhe zu kommen, »*immer weiter weg zu gehen*«, »*habe unter einem Baum geschlafen oder hinter dem Gebäude auf der Wiese*«. Schließlich erkennt er: »*24 Stunden am Tag Pflege, das kann ich nicht, und habe sie dann nach drei Jahren in Pflege gegeben.*« »*Zu spät*«, wie er im Hinblick auf seine »*ein bisschen zu altruistisch*« hingenommene Überforderung meint, bringt er schließlich seine Großmutter nach einem Krankenhausaufenthalt und gegen ihren Willen doch noch in ein Pflegeheim.

Hoffnungs- und Perspektivlosigkeit

Pflege nimmt viele Männer 24 oder gar 36 Stunden[54] am Tag in Anspruch, engt ihr Fühlen und Denken immer mehr auf die Pflegesituation ein, gewährt zusehends weniger Raum für eigene Interessen und Bedürfnisse, lässt die letzten Außenkontakte wegbrechen und ist von keinem zeitlichen Horizont begrenzt, ist tendenziell unendlich. Hoffnungs- und Perspektivlosigkeit machen sich breit, führen zu einem resignativen Fatalismus, wo am Ende nur noch der Tod als Ausweg vorstellbar bleibt.

Für Dieter D. war die lange Leidensgeschichte seiner krebskranken Frau vor allem »*Hoffnung und Enttäuschungen, das war ein ständiger, 16 Jahre lang ein Kreislauf, hoffen und Enttäuschungen*«.

Günter G. leidet unter dem zunehmenden Abbau seiner dementen Frau. »*Am schwersten ist die Zukunft, das Ungewisse, würde ich mal sagen. Und ... dann wird man immer mehr abgeschnitten, dann wird man immer mehr abgeschnitten. Da bricht immer wieder ein Stein weg. Sie ist erst 68 Jahre, das kann noch lange gehen.«*

»Und was natürlich auch erschwerend und sehr schwer ist, man sieht ja keinerlei Perspektive … dass der Zustand sich immer verschlechtert … dass ich nicht weiß, wie lang ich das noch machen kann«, klagt Jochen J.

Franz F. hat keine Perspektive jenseits der Pflege: *»Ich brauch mich hier nicht mehr lange quälen. Sowieso, entweder stirbt meine Frau oder sterbe ich.«*

Nur wenige Männer können sich vorstellen, wie ein Leben nach der Pflegezeit aussehen könnte. Lediglich der 71-jährige Bruno B., der von Anfang an einen Endpunkt für seine Betreuung festgelegt hatte, kann ein klares Bild beschreiben. *»Ja, ich glaube, ich würde am Kulturleben dann wieder teilnehmen und abends eher wieder etwas unternehmen. Auch mal durchgucken, was gibt es für Festle irgendwo, wo kann man hingehen, oder Weinfestle irgendwo. Oder nach dem Training beispielsweise, wir sitzen nach dem Training, nach dem Waldlauf, in der Wirtschaft … Das könnte sein, dass ich mich irgendwo einem Wanderklub anschließe.«*

Paul P. und ein weiterer der eher jüngeren Männer denken an eine neue Partnerschaft . *»Ja, ich habe mir vorgestellt, dass ich vielleicht noch einmal eine Partnerin bekommen könnte … Also, dass ich alleine weiterleben wollte, das wollte ich nicht. Weil, das war mir damals schon klar, dass ich ein Familienmensch bin und nicht alleine weiterleben möchte.«*

Norbert N.

*»Man bekommt halt immer wieder
Steine in den Weg geworfen.«*

Mit 59 wurde Norbert N. im Zuge der damaligen Bankenkrise arbeitslos und er machte sich keine falschen Illusionen über eine neue Arbeitsstelle. Von Anfang an wollte er vermeiden, *»dass ich einfach so daheim herumhänge, sondern wieder eine Struktur reinbekomme, eine Wochenstruktur«*. Bei einer sozialen Organisation macht der Hartz-IV-Empfänger nun ehrenamtlich Fahrdienste, bringt demenziell Erkrankte zu ihren Gruppen oder Gehbeeinträchtigte zu Veranstaltungen. Rechtzeitig wollte er auf diesem Wege für sich sorgen: *»Wenn ich mich in Rente abmelde, dann ist es nicht so, dass ich in ein Loch falle, sondern weiterhin meine Aufgabe und Tätigkeit habe.«*

Vor einem Jahr ging es dann mit seiner Mutter rapide bergab. Nach mehreren Stürzen mit Brüchen wurde auch eine beginnende Demenz diagnostiziert, und seither kümmert sich Norbert N., der seine Wohnung ein paar Straßen entfernt von der seiner Mutter hat, intensiv um die 87-Jährige. Die Sozialstation kommt morgens und abends für die Körperpflege, an drei Tagen besucht Frau N. ein Tagesbetreuungsangebot. Herr N. ist inzwischen faktisch bei seiner Mutter eingezogen: *»Ich schlafe jetzt im Wohnzimmer auf dem Sofa in der Wohnung meiner Mutter und gehe halt nur noch ab und zu rüber* [in die eigene Wohnung]*, um am Computer halt so die anstehenden Geschäfte zu machen.«* Norbert N. versucht seine Mutter ihren Möglichkeiten entsprechend zu aktivieren und an der Alltagsgestaltung zu beteiligen. Der 63-Jährige muss sie überallhin begleiten, was er als eine Art Sozialtraining betrachtet. »*Ich hätte ja schon längst als Beispiel … die Miete als Dauerauftrag nehmen können, aber so hat man mal immer wieder eine Überweisung ausgefüllt, sodass sie immer wieder den Weg hatte, zur Bank zu gehen und dort mit den Leuten ein bisschen zu reden, zu schwätzen.*«

Was seine Mutter belasten könnte, »*das halte ich von ihr fern*«, etwa seine Auseinandersetzungen mit der Pflegekasse, »*wo keine Hilfe kommt*«, und wo er sich die Pflegestufe 2 mithilfe des VdK-Sozialverbandes beim Sozialgericht erstreiten musste. Oder »*wenn ich, wie letztes Jahr im Krankenhaus, keine Vollmacht gehabt hätte, keine Patientenvollmacht, die hätten meine Mutter sofort eingewiesen in ein Heim … die wäre vielleicht nicht mehr in eine Reha-Maßnahme gekommen, die hätten gesagt, ach was, die Alte … die soll in ein Heim gehen, fertig, aus.*« Für Norbert N. ist es »*ein schwerer Kampf, den die Einzelnen immer wieder durchstehen müssen, weil von der Gegenseite bekommt man halt immer wieder Steine in den Weg geworfen … Ich bin da schon hinterher, auch aus Eigeninteresse, sonst sind wir verloren.*«

Der »Kooperateur« kümmert sich um den Haushalt, versorgt den Haushalt, kommt zwischen seinen Fahrdiensten nach Hause, um mit der Mutter zu essen, und wichtig ist ihm, »*dass es einfach sauber ist, weil es ist ja klar, wenn jetzt jemand kommt … vom Pflegedienst, die haben ja da auch ein Auge dafür, ob es irgendwo sauber ist oder ob einfach die Wohnung mehr oder weniger immer mehr, wie soll ich sagen, vergammelt.*« Er hat beim Sozialverband VdK einen Kurs für pflegende Angehörige besucht, der ihm viel geholfen hat, wo er aber auch erfahren hat, »*was ich letztes Jahr zum Beispiel falsch gemacht habe, als sie sich verletzt hat. Da habe ich offensichtlich von meiner Seite her einfach Fehler gemacht, schwere Fehler, als ich sie angehoben habe, von der Hebetechnik her war das total falsch ... Es ist halt gerade noch so durchgegangen. Ich mache mir selbst den Vorwurf, unwissend natürlich eigentlich, dass ich da nicht ganz richtig verfahren bin.«* Auch musste er erst lernen, dass *»man viel Geduld haben muss und dass halt die Abläufe langsamer gehen als vorher«.* Da sei er zu Anfang *»manchmal geschwind ein bisschen barsch geworden«.*

Auch wenn den gebildeten und freundlichen Mann die bisherige Betreuung und Pflege noch wenig zu belasten scheinen, hat er die weitere mögliche Entwicklung durchaus im Blick. Als nächsten Schritt sieht er, *»dass wir ihr einen Wohnhelfer, Wohnhelferin herbekommen, stundenweise, tageweise, wenn irgendwas mal ansteht, wo ich mal einfach nicht da bin oder mal zu einer Veranstaltung gehen will, wo ich stundenweise nicht da bin«.* Aber das scheint für ihn nicht so einfach machbar, *»wo meine Mutter halt im Augenblick noch Schwierigkeiten macht, weil sie sagt, sie will niemand Fremdes weiter in der Wohnung haben«.* So sieht er kommen, *»das wird sich natürlich irgendwann in der nahen Zukunft entscheiden, dass ich die eine Wohnung aufgebe, weil ich kann und will meine Mutter nicht alleine lassen«.* Die Alternative Heim kommt für die beiden, auch aufgrund schlechter Erfahrungen, nicht infrage. *»Das ist im Augenblick noch nicht notwendig, weil wo sie jetzt letztes Jahr in Kurzzeitpflege war, da musste ich halt auch feststellen ... spätestens ab 19 Uhr abends sind die Leute ins Bett verbracht, da ist Ruhe im Haus. Und ich habe sie gefragt ... was machst du eigent-*

lich da oben, außer so, dass sie ein paar Therapien mitmachen darf, dann sagt sie: nichts. Sie hört weder Radio noch Fernseher noch liest sie die Tageszeitung, was sie jetzt Gott sei Dank wieder macht.«

In seinem Bekanntenkreis, hat er sich »*ein bisschen zurückgezogen, wo ich halt eben nicht mehr so mitmachen kann ... Weil ich halt das Problem habe, dass ich niemand habe, wo ich geschwind einfach sagen kann, du, sonst müsste ich halt wie gesagt auf die offiziellen Helfer zurückgreifen, wo meine Mutter halt im Augenblick noch Schwierigkeiten macht, weil sie sagt, sie will niemand Fremdes weiter in der Wohnung haben*«. Einerseits bekommt Norbert N. Zustimmung für seine Fürsorge: »*Ja, sie könne froh sein, dass meine Mutter so einen hat wie mich.*« Andererseits meinen andere, »*dass ich eher vielleicht zu viel für sie mache ... eine Frau, die sagt immer, du gibst dich halt immer bloß mit alten Leuten ab!*« Auch wenn er damit relativ gelassen umzugehen scheint, macht ihm diese Kritik doch schon auch zu schaffen: »*Wenn dann jetzt jemand nicht so das Verständnis hat, da muss ich halt sagen, also, da muss man dann andere Sachen ... entweder geht es auseinander oder man muss halt andere Wege finden, wie man das ein bisschen kanalisieren kann.*« Denn der Wunsch des Alleinstehenden ist schon irgendwann, »*dass ich bei einer Frau unterkomme ... dass ich da noch auf die Art, sag ich mal so, unterkomme ... so eine gegenseitige Versorgungsbeziehung*«.

Norbert N. sieht der Zukunft gelassen entgegen. »*Und wenn mal meine Mutter nicht mehr da ist, wie auch immer, dann sehe ich nicht, dass ich da in ein Loch reinfalle. Ich versuche weiterhin Kontakte so zu halten, und dann sehe ich weiter ... Das wird dann auf die Art*

157

schon weitergehen.« Mit seinem sozialen Engagement, das seinen Alltag strukturiert, seinem Leben Sinn gibt und ihm soziale Einbindung verschafft, sieht er sich auch nach dem Ende seiner Pflegetätigkeiten gut aufgestellt: »*Was ich auch schon in der Vergangenheit immer gemacht habe, dass ich ... eine Struktur reinbekomme in meine Tätigkeiten und dass ich weiterhin beschäftigt bin, was halt möglich ist ... Also dann mache ich lieber solche Tätigkeiten, wo ich auch mit anderen Menschen zu tun habe. Und das weiterhin mache, machen kann und will, solange es noch möglich ist.*«

5. Wenn Pflege an Grenzen gerät

Die Gewalt fängt nicht an
wenn Kranke getötet werden
Sie fängt an
wenn einer sagt
»Du bist krank
Du musst tun was ich sage«
(Erich Fried)

Nicht wenige Pflegeverhältnisse beginnen mit einer Grenz verletzung. Jede zweite Frau und jeder dritte Mann muss mittlerweile damit rechnen, pflegebedürftig zu werden. 1995 wurde darum als fünfte Säule des deutschen Sozialversicherungssystems die Pflegeversicherung eingeführt: Pflege war kein Einzelschicksal mehr wie zu früheren Zeiten, sondern zu einem allgemeinen Lebensrisiko geworden. Pflegebedürftigkeit ist damit der Regelfall eines immer längeren Lebens und bedarf – wie andere zu erwartende Wechselfälle des Lebens – einer vorausschauenden Planung und Vorsorge. Doch nur die Hälfte aller 60- bis 70-Jährigen denkt überhaupt über das eigene Älterwerden nach, wobei Männer sich noch weniger als Frauen mit dieser Lebensthematik beschäftigen und die Differenz mit zunehmendem Lebensalter noch wächst. Das hat Anton Amman in einer österreichischen Untersuchung ermittelt und dazu festgestellt, dass viele lebten, als würden sie nicht älter als 60 Jahre[55]. Und dennoch verschließen so viele Ältere die Augen davor, verdrängen dieses Thema und setzen klammheimlich auf ihre Kinder, meinen, auf die im Zweifelsfall doch schon irgendwie rechnen zu können. Aber wer dann eines Tages den Oberschenkelhalsbruch bekommt, der so oft zum Pflegefall führt, und mit seinen Kindern nie über diesen Ernstfall nachgedacht hat, der erfüllt gewissermaßen den Tatbestand der Nötigung.

Kinderpflege ist Natur, Altenpflege ist Kultur

Es gibt den zwingenden genetischen Impuls und die unstrittige humane Pflicht, seine Kinder gut zu versorgen, aber die Fürsorge für die Alten – das belegen auch kulturvergleichende historische Studien – ist keineswegs eine selbstverständliche gesellschaftliche Übereinkunft. Denn, wie Peter Sloterdeijk in einem Vortrag einmal sagte, »die Muttermilch fließt nicht nach oben«, wir haben das Leben nicht unseren Eltern zurück-, sondern an unsere Kinder weiterzugeben und für den Erhalt dieser Erde, die wir von ihnen ja nur geliehen haben, einzutreten.

Auch das vierte der biblischen zehn Gebote, das so gerne als Beleg für die angebliche Altenpflegepflicht zitiert wird, weist eher auf das Gegenteil hin. »*Du sollst deinen Vater und deine Mutter ehren, auf dass du lange lebest und dir's wohl gehe im Lande, das dir der Herr, dein Gott, geben wird.*« Wie schlecht muss die Situation der Alten im Volk Israel gewesen sein, dass die Fürsorge für sie in dieses Basisprogramm von zehn zentralen Lebensregeln aufgenommen werden musste? Offenbar war die Achtung und Pflege der Alten keineswegs selbstverständlich, sondern bedurfte eines ausdrücklichen Gebotes. Übrigens das einzige Gebot mit einer Begründung oder Motivationsklausel (»auf dass dir's wohl gehe«), was die Vermutung nahelegt, dass hier besonderer Nachdruck nötig war. Womöglich mag einem Volk, das 40 Jahre mit Alten, Gebrechlichen und Sterbenden ohne Rollstühle, Gehwagen und Badewannenlifter durch eine Wüste irrte, eine Aussetzung der Alten nähergelegen haben als ihre Achtung …

Altenpflege ist also keine Selbstverständlichkeit, keine fraglose Kindespflicht, sondern eine rechtzeitige, das heißt im siebten Lebensjahrzehnt fällige Verhandlungssache unter souveränen Vertragspartnern ohne moralischen Druck und Erpressung.

- Was könnte mir an Altersgebrechlichkeit widerfahren und welche Lösungen könnte es dafür geben?
- Will ich von meinen Kindern gepflegt werden, wollen die das?
- Unter welchen Voraussetzungen und Bedingungen könnte dies ein gutes Arrangement sein, aber vor allem, wo liegen die Grenzen, wo könnte die Fürsorge in Aversion umschlagen?

Es ist wichtig, sich die Grenzen der Pflege bewusst zu machen, bevor eine zu pflegende Person mit einer pflegewilligen ein Arrangement vereinbart. Denn wer immer sich auf das vierte Gebot beruft, dem sei auch die zweite Zeile »*auf dass du lange lebest und dir's wohl gehe*« in Erinnerung gerufen. Wer auch dann noch pflegt, auch wenn es ihm dabei nicht mehr wohl geht, und wer dadurch womöglich sein eigenes Leben verkürzt, der verstößt gegen den Geist dieses Gebotes.

In einer solchen Pflegekonferenz sollte darauf geachtet werden, dass alten Eltern und anderen (potenziell) pflegebedürftigen Angehörigen nicht der Erwachsenenstatus genommen wird. Wenn die Angehörigen zwar gebrechlich, aber geistig fit sind, gibt es keinen Grund für eine fürsorgliche Bevormundung, bei der die Alten aus falscher Pietät geschont werden. Auch eine 90-jährige Person bleibt eine erwachsene Person, der man zumuten darf und muss, ihr Leben weiterzudenken, und mit der man gemeinsam die

Konsequenzen welcher Entscheidung auch immer zu Ende bedenken sollte.

Bis dass der Tod uns scheidet

Auch das altehrwürdige Eheversprechen, sich in guten und schlechten Zeiten, in Krankheit und Gesundheit die Treue zu halten, »bis dass der Tod uns scheidet«, das von fast allen interviewten Ehemännern angeführt wurde, ist eines genaueren Blickes wert. Diese Eheformel stammt aus einer Zeit, zu der die durchschnittliche Lebenserwartung gerade einmal halb so lang war wie heute, in der das Leben vorwiegend aus lebenslanger Mühe und harter Arbeit bestand, in der ein Sich-im-Alter-zur-Ruhe-Setzen unbekannt war und Altersgebrechlichkeit meist zum raschen Tod führte. In einem Alter, in dem die meisten Menschen früher schon gestorben waren, haben wir heute mit 60 ein zweites, noch 20 oder 30 Jahre währendes Eheleben vor uns: ein weitgehend arbeitsfreies Leben, bei durchschnittlich guter materieller Absicherung, vergleichsweise guter gesundheitlicher Verfassung und einem Gesundheitssystem, das uns auch bei Gebrechlichkeit ein weiteres Leben ermöglicht.

Für viele Paare ist dieses zweite Eheleben in gewissem Sinn das erste. Denn vor dem Ruhestand war, zumindest in der traditionellen Familie, der Mann meist aushäusig, die Frau mit Haushalt und Kindern beschäftigt, das junge Paar hatte rasch einen Rollenwechsel von der aufeinander ausgerichteten Partnerschaft zur auf die Kinder fokussierten Elternschaft vollzogen. Mit dem Auszug der Kinder und dem Ende der Berufstätigkeit realisieren die beiden, dass sie sich womöglich als Partner aus den Augen verloren haben und sich nun zum ersten Mal im Leben auf

Dauer als Paar finden und mehr aufeinander beziehen müssen. Was man früher an Lieblosigkeiten im Hinblick auf die überschaubare Restlebenszeit vielleicht einigermaßen gelassen aussitzen konnte, ist vor dem Hintergrund einer durchschnittlich so langen weiteren Lebenserwartung ein zu langer Lebensabschnitt, um auf den nahen Tod (des Partners) zu warten.

So sollten nicht nur die alten Eltern mit ihren Kindern über den Pflegefall reden, sondern auch die Ehepartner miteinander.

- Was sind die gegenseitigen Erwartungen?
- Was kann und will ich dem anderen zumuten?
- Wo könnten die Grenzen liegen?
- Welche Belastungen bergen die Gefahr, dass unsere Liebe in Hass umschlagen könnte?
- Welches, auch außerhäusliche, Arrangement wäre dann mutmaßlich geeignet, dass wir unser Eheversprechen gut leben können, dass wir auch an zwei unterschiedlichen Lebensorten weiter in guter innerer Verbindung bleiben können?
- Was gehört zu den Aufgaben und Pflichten eines guten pflegenden Ehemanns? Was kann, soll eine pflegebedürftige Frau von ihrem treu sorgenden Gatten an Pflegeleistungen erwarten?
- Was tut der Partnerschaft auch bei Pflegebedürftigkeit und Demenz gut und wo tue ich des Guten zu viel?
- Wo laufe ich Gefahr, gegen meinen Ehevertrag zu verstoßen und vom liebenden Ehemann zum funktionierenden, distanzierten Altenpfleger zu mutieren?
- Was geschieht mit der Beziehung, wenn intime Berührungen, die im bisherigen Leben der Ausdruck größter Nähe und intensivster Zärtlichkeit waren, nun durch –

oft nicht nur anfangs scham- und ekelbesetzte – Intimpflege ersetzt werden? Ist diese Grenzüberschreitung nicht eine Grenzverletzung, die man vermeiden sollte?

Gewaltig überfordert

Eine weitere Grenze ist überschritten, wenn die Pflege zur Isolation des Pflegenden führt, wenn in einer sogenannten Pflegedyade die beiden nur noch aufeinander bezogen sind und es kein Leben mehr jenseits der Pflege gibt. Wenn Männer, die ihr Berufsleben lang eher außenbezogen waren, sich eines Tages im Wohnzimmer eingesperrt sehen, wie dies insbesondere beim Pflegetypus »Erschöpfter Kooperateur« der Fall ist, dann droht Gefahr: die Gefahr eines normativen Vakuums, wo kein Außenstehender, keine korrigierende gesellschaftliche Realität die Binnenkultur des Pfleduals, die Verengung der Welt auf Pflegenden und Gepflegte, mehr erreichen und infrage stellen kann. Menschen können dann ganz allmählich, meist ohne es zu merken und zu wollen, in eine Gewaltspirale rutschen, in eine Situation, in der häufig Opfer und Täter nicht mehr unterscheidbar sind, in der zunehmend untragbare Verhältnisse zu Formen häuslicher Gewalt führen.

Das kann beginnen mit alltäglichen Formen psychischer Gewalt wie beschimpfen, beschämen, beschuldigen, einschüchtern, drohen; das kann sich fortsetzen mit Einschränkungen des freien Willens wie isolieren, fixieren, einsperren; das kann Formen finanzieller Ausbeutung einschließen wie stehlen oder manipulieren von Vermögen, Verträgen, Testamenten, um sich für die unendliche Pflegelast zu »entschädigen«; es kann enden bei aktiven oder passiven körperlichen Misshandlungen wie unzureichend pflegen, Essen und Trinken vorenthalten, professionelle

Pflege oder ärztliche Hilfe verweigern, schließlich schlagen und misshandeln bis zum Tod[56].

Besonders gewaltgeneigt können Pflegeverhältnisse sein, wenn die Familiengeschichte immer schon von Gewalt geprägt war, wenn der Pflegende mit einem Suchtproblem zu tun hat oder wenn die pflegebedürftige Person dement ist. Denn wenn sich der geplagte Mensch nicht mehr artikulieren und beklagen kann, sinkt womöglich die Hemmschwelle, Grenzen zu verletzen und Gewalt auszuüben. Gewalt im Alter, die in ihrem Ausmaß durch empirische Untersuchungen kaum zu erhellen ist, hat mutmaßlich das gleiche quantitative Ausmaß wie die Gewalt an Kindern. Und wenn man auch bei Gewaltverhältnissen im Alter oft nicht zwischen Täter und Opfer unterscheiden kann, ist insgesamt davon auszugehen, dass sich Männer und Frauen hinsichtlich der Täterschaft ungefähr die Waage halten. Angehörige werden zu Tätern und Täterinnen, weil sie sich selbst als Opfer fühlen.

Gewalt im Alter ist häufig das Ergebnis eines umfassenden familiären Überlastungssyndroms, das allerdings immer auch im Rahmen der jeweiligen gesellschaftlichen Bedingungen gesehen werden muss. Unsere Gesellschaft und Sozialpolitik tragen in vielfältiger Weise direkt zu einer Verschärfung struktureller Gewaltverhältnisse bei:

- Sie thematisieren die häusliche Pflege und den Umgang mit Demenz so wenig;
- sie werten das hohe Alter insgesamt immer mehr nur noch als Last ab;
- sie bringen der häuslichen Pflege nur wenig ideelle und materielle Wertschätzung entgegen; sie behandeln die Pflege als ein »Frauenthema« und belegen sie damit mit niedrigem Stellenwert;

165

- sie lassen die Pflegenden mit ihrer Aufgabe weitgehend alleine;
- sie idealisieren die Familie unbesehen als den bestmöglichen Pflegeort und heroisieren damit auch noch die problematischste häusliche Pflegesituation.

Häusliche Gewalt hat deswegen in der Regel nicht nur private, familiäre Ursachen, sondern wird mitverschuldet von einer Gesellschaft, die wegschaut und Pflegefamilien mit ihren Problemen alleine lässt*.

Von der Berufs- zur Selbstaufgabe

Dass ein guter Sohn oder Ehemann nicht alleine pflegt, davon war bereits die Rede. Denn groß ist die Gefahr, dass er unweigerlich in der Isolation endet. Dass seine Außenkontakte und soziale Einbindung verloren gehen, dass er seine Interessen und Hobbys vernachlässigen und schließlich ganz aufgeben wird. Dass sein Handeln und Fühlen immer mehr auf die Pflege fokussiert und eingeengt sein wird, wie dies einige der interviewten Männer beklagen. *»Das ist kein Sprint, sondern eine Langzeitangelegenheit«*, hatte Helmut H. von Anfang an gewusst, ein Marathonlauf, bei dem es darauf ankommt, seine regelmäßigen Auszeiten zu nehmen und Erholungsorte aufzusuchen. Und so hält er mit gutem Grund an seiner eigenen Woh-

---

* So werden – um die angeblich zurückgehende allgemeine Pflegebereitschaft zu fördern – mancherorts immer noch pflegende Angehörige öffentlich prämiert, die sich besonders aufopfernd um ihre Pflegebedürftigen gekümmert haben; verkannt wird dabei, dass solche »Durchhalteorden« in ihrer Übermenschlichkeit weder zur Nachahmung einladen und schon gar nicht als Vorbild taugen, wo doch vielmehr ein rechtzeitiger und ausgewogener Pflegemix für alle Beteiligten weitaus dienlicher gewesen wäre.

nung fest und zieht nicht zur Mutter, sondern pflegt nicht nur sie, sondern auch seine Sozialkontakte, besucht Veranstaltungen.

Männer in der »weiblichen Pflege« benötigen andere Männer, mit denen sie normale Männerthemen besprechen können; sie sollten sich an Männerunternehmungen beteiligen können, um sich immer wieder ihrer männlichen Identität versichern zu können. Dazu gehört, sofern der Pflegende noch nicht im Ruhestand ist, dass er auch seinem Beruf nachgeht und diesen keinesfalls ganz aufgibt. Das insgesamt noch nicht sehr befriedigende Pflegezeitgesetz setzt zumindest diesbezüglich das richtige Signal: Es ermöglicht für maximal sechs Monate zwar eine vollständige Freistellung, darüber hinaus fördert es jedoch nur eine maximal Verringerung der Arbeitszeit auf bis zu 50 Prozent und keinesfalls die vollständige Berufsaufgabe. Männer, die sich vom Sog der Pflege verschlingen lassen, die jenseits ihrer Pflegeaufgabe keinen Lebensinhalt mehr haben, enden unweigerlich in der Selbstaufgabe, in einem schwarzen Loch, aus dem sie kaum noch herauskommen. So wie Dieter D., der auch ein Vierteljahr nach dem Tod seiner Frau noch keine Kraft findet, sein Leben wieder in die Hand zu nehmen.

Daheim oder ins Heim?

Wer sich nicht selbst aufgeben will, wer zu weit von seinen alten Eltern entfernt wohnt oder wer aus anderen Gründen – wie immer mehr pflegende Angehörige und einige der interviewten Männer – nicht mit dem Pflegebedürftigen im gleichen Haushalt lebt oder leben will, der erwägt vielleicht auch eine Rund-um-die-Uhr-Versorgung durch eine osteuropäische Pflegekraft. Auf 100 000 bis 150 000 derzeit in Deutschland tätige Haushaltshilfen aus dem Osten belaufen sich die derzeitigen Schätzungen. Für rund 1500 Euro auf dem schwarz-grauen Markt etwas zu bekommen, was bei arbeits- und steuerrechtlich ordentlich bezahlten Fachkräften unbezahlbar wäre, ist schon verlockend. Und manchmal weiß man in der Not ganz einfach keine andere Lösung, wie es der anonyme Journalist in seinem Buch »Wohin mit Vater?«[57] nachvollziehbar beschrieben hat.

Aber nicht immer ist wirklich eine 24-Stunden-Betreuung nötig, oft könnte auch eine beschränktere Zeit mit lokalen legalen Dienstleistungen genügen, von denen es inzwischen immer mehr gibt. Bei aller Verantwortung für die Angehörigen bleibt schließlich bei einem halb- oder illegalen Beschäftigungsverhältnis die Verantwortung für die betreffende Frau: Sie muss nicht selten ihre Kinder und alten Angehörigen zurücklassen, die wiederum von nach Westen ziehenden Ukrainerinnen versorgt werden, um hier unter frühkapitalistischen Bedingungen mehr oder weniger ausgebeutet zu werden. Am Ende dieser Kette stehen nicht selten unversorgte Kinder und Alte[58].

Oskar O. hatte eine solche Unterstützung für seine Frau, bis dann doch der Fall X eintrat, den 95 Prozent der Bevölkerung für sich ablehnen, die Heimunterbringung. Das Pflegeheim, die Endstation jedes Fünften jenseits der 80, ist trotz aller Humanisierungsbemühungen noch immer der größte Schrecken des Alters und bedeutet für viele eine der größten aller Lebenskrisen: Dann, wenn seine Plastizität und Anpassungsfähigkeit am geringsten geworden sind, wird dem alten Menschen, meist gegen seinen Willen, die vielleicht höchste Anpassungsleistung seines

Lebens abverlangt. Oft ausgelöst durch eine massive gesundheitliche Einbuße – die Hälfte aller Heimaufnahmen
erfolgt direkt aus dem Krankenhaus – kommt der alte
Mensch in irgendein Heim, wo eben gerade ein Platz frei
ist. Dieses ist meist zu weit von seinem bisherigen Wohn-
ort entfernt, um die sozialen Bezüge noch aufrechtzuerhalten. Während er vorher noch irgendwie seinen eigenen
Hausstand betrieben hat, findet er sich von einem Tag auf
den anderen in einer Art Full-Service-Hotel wieder, das –
fast wie einstmals in Königshäusern – sogar die Körperpflege sowie das Aus- und Anziehen anbietet. Gleichzeitig
verdammt es ihn jedoch zu einer unendlich langen, untä-
tigen Weile; leider ist dabei die Apanage nicht königlich,
sondern beschränkt sich auf einen monatlichen Barbetrag,
wie das Taschengeld des Sozialhilfeempfängers amtlich
bezeichnet wird. So ist es schließlich nachvollziehbar,
dass er in all diesen radikal anderen Umständen keinen
rechten Lebenssinn mehr erkennen kann. Der Heimeinzug
ist eine so große Lebenskrise, dass viele Menschen ihn
nicht überleben oder sich in die Verwirrtheit flüchten.

Und dennoch gibt es Situationen, wo das sozialpoliti-
sche Motto »ambulant vor stationär« an seine Grenzen gerät, wo das Daheim nicht länger die bessere Lösung als
das Heim ist. Wenn die Pflege die Kräfte überfordert,
wenn erste Anzeichen von Gewalt Einzug gehalten haben,
wenn der demenziell Erkrankte weder die Umgebung
noch die pflegenden Angehörigen mehr erkennen kann,
wenn die Wohnung zum Gefängnis wird, dann kann ein
Heim die humanere Alternative sein. Dann kann die Begegnung mit anderen den alten Menschen wieder aufle-
ben lassen; dann können Beschäftigungsangebote und andere Aktivitäten anregend wirken; dann kann sich die
Beziehung zwischen dem Pflegebedürftigem und seinem

Angehörigen wieder auf ein beziehungsförderliches Niveau reduzieren. Ein sinnvoller Probelauf für eine mögliche dauerhafte Heimunterbringung kann die Kurzzeitpflege sein, auch Urlaubs- oder Verhinderungspflege genannt: Sie wird von der Pflegeversicherung für maximal vier Wochen pro Jahr finanziert und kann allen Beteiligten etwas dabei helfen, ihre oft durch mangelnde Anschauung genährten Ängste vor dem Heim abzubauen.

Einige der interviewten Männer nahmen gelegentlich Kurzzeitpflege in Anspruch, um sich eine Auszeit, einen Urlaub zu ermöglichen.

Welche Belastung auch dieses ja zur Entlastung eingeführte Angebot im Einzelfall jedoch bedeuten kann, schildert Paul P.: »Ich brauche die Zustimmung der Krankenkasse ... Zustimmung vom Gericht, vom Amtsgericht A., dass sie in eine geschlossene Abteilung kommt, das ist immer sehr aufwändig. Dann brauche ich einen Platz im Pflegeheim, mit denen muss ich verhandeln. Dann brauche ich einen Arztbericht ... Dann für das Pflegeheim soweit alles vorbereiten, also schauen, ob die Kleidung gekennzeichnet ist, ob alle Medikamente da sind, ob ein Plan wieder da ist, dass sie das Insulin messen und spritzen können. Also, ich habe gut eine Woche Vorlauf, bevor sie dort richtig unterkommt, deshalb schrecke ich manchmal davor zurück für solche Sachen und überlege mir, lohnt es sich wirklich?«

Eine Unterbringung ihrer Angehörigen im Pflegeheim auf Dauer ist für die meisten Männer nicht vorstellbar, und wenn es dann sein muss, ist dies meist ein trauriger Schritt.

170

Otto O. hatte sich »*fest vorgenommen, nachdem ich einige Heime besichtigt hatte, dass ich das meiner Frau nicht antue, dass ich sie mal in ein Pflegeheim gebe ... Aber es blieb mir nichts anderes übrig.*«

Für Kurt K. ist eine Heimunterbringung nicht vorstellbar. »*Wenn's nicht irgendwie geht, dann werde ich da meine Frau nicht reintun. Das, was ich da gesehen hab, das langt mir. Da würde meine Frau den ganzen Tag bloß im Bett liegen.*«

Andreas A. will seinem Vater nicht zumuten, was er sich für sich selbst nicht vorstellen kann. »*Wenn ich sehe, wie die Menschen dahinleben in so einem Heim, und wenn das Heim noch so gut geführt ist, habe ich so den Eindruck, das will ich für mich mal nicht. Und da kann ich es schlecht meinem Vater auch antun, nicht? ... Wenn ich das gesehen habe, wenn ich ihn dort geholt und die Leute dort gesehen habe, wie die da rumvegetieren. Das ist so, die hocken da in ihren Stühlen und warten aufs Essen und aufs Schlafen. Furchtbar. Ich will es ja selber mal nicht so. Lieber will ich einfach umfallen, aber ich will nicht in ein Pflegeheim.*«

Bruno B. hätte ein schlechtes Gewissen. »*Ich konnte mir nicht vorstellen, dass ich jemanden nur deshalb in ein Heim gebe, damit ich dann ein Leben so führen kann, wie ich es jetzt grad jeden Tag und jede Stunde führen will.*«

Für Franz F. wäre das Heim ein Verrat. »*Ich kann sie nicht ins Heim tun. Sie will nicht ins Heim. Und sie hat auch schon einmal gesagt, und das lasse ich mir das zweite Mal nicht mehr sagen: Wir haben so lange gelebt, so schwere Zeit haben wir durchgemacht, und jetzt willst du mich ins Heim geben!*«

Jochen J. will seiner Frau das nicht zumuten. »*Denn das wäre, glaube ich, seelisch ganz schwierig für sie, wenn man sie in ein Altersheim tut, in ein Pflegeheim. Ob sie das verkraftet, das weiß ich nicht.*«

Paul P. konnte nicht länger zusehen, wie es seiner Frau im Heim erging. »*Das war jetzt auch mit der Hauptgrund, warum ich meine Frau rausgenommen habe, weil ich Angst gehabt habe, dass auf Dauer sich gravierende Folgeschäden durch den Diabetes Typ 1 ergeben ... Und dann, was eben auch noch mit ein Grund war, die Aggressivität von den anderen Patienten, das war ich einfach nicht gewohnt.*«

Die finale Grenze

Die finale Grenze der Pflege ist das Sterben. Fast alle Menschen wollen zu Hause sterben, aber drei Viertel beschließen ihr Leben in Krankenhäusern und Pflegeheimen. Sterbende und ihre Angehörigen werden dadurch oft um einen guten Abschied und eine letzte gemeinsame gute Erfahrung gebracht. Der Tod ist aus den Familien ausgezogen und wurde institutionalisiert. So ist das Sterben meist eine unbekannte, gänzlich neue Erfahrung, für die den pflegenden Angehörigen die Handlungssicherheit fehlt. Darum ist der Impuls verständlich, den sterbenden Angehörigen der Institution und Apparatemedizin anzuvertrauen, wofür jedoch medizinisch-pflegerisch vielfach kaum etwas spricht. In Deutschland gibt es inzwischen rund 80 000 ausgebildete Hospizhelfer; sie begleiten mit ihren kostenlosen ehrenamtlichen Einsätzen Sterbende und ihre Angehörigen und tragen so dazu bei, dass mehr Menschen zu Hause sterben können. Zu diesen ambulanten Diensten kommen an immer mehr Orten auch stationäre Hospize: Das sind kleine, von Fachkräften betreute Einheiten, die in einer Atmosphäre intensiver Zuwendung und Geborgenheit ein gutes, auch schmerzlinderndes Sterben gewährleisten. Der lauter werdende Ruf nach einer Legalisierung von Sterbehilfe hat seine Gründe einerseits im institutionalisierten, entmenschlichten Sterben und andererseits im mangelnden Wissen darum, wie und dass mithilfe von Hospizdiensten humanes Leben bis zuletzt möglich sein kann.

Strukturelle und familiale Gewalt können auch im Suizid enden. Die Selbsttötungsrate der Männer zwischen 75 und 80 Jahren ist dreimal höher, die der über 85-Jährigen viermal höher als die jüngerer Männer; über 75-jährige Männer bringen sich mehr als zehnmal so häufig ums Leben wie die unter 25-Jährigen. Die Suizidquote der Männer über 65 Jahren übersteigt die der Frauen um ungefähr das Dreifache. Während bei den Jüngeren die Relation zwischen Versuch und »gelungenem« Suizid bei zehn zu eins liegt, liegt sie bei den Älteren bei zwei zu eins. Alte Männer wählen eher die härteren und radikalen Methoden wie Erschießen, Erhängen, Sturz in die Tiefe. Die Dunkelziffer bei Alterssuizid ist hoch; häufiger als bei Jüngeren wird ein »natürlicher Tod« attestiert, nicht selten auch, um die Angehörigen zu schonen. Ebenso lassen viele unerklärlichen Verkehrsunfälle von Rentnern oft an einen Vorsatz denken; hinzu kommen verdeckte Suizidabsichten wie die Missachtung ärztlicher Anordnungen, falsche Ernährung (wie zum Beispiel bei Diabetes), Alkoholmissbrauch oder der verdeckte »Hungerstreik« so mancher Pflegebedürftigen.

Besonders solche Männer sind suizidgefährdet, die Beschämung und Misshandlungen in ausweglosen Pflegesituationen erleben oder deren Verlust von Freiheit und Selbst-

173

bestimmung zur irreversiblen Abhängigkeit führt; gefährdet sind ebenso Männer, die nicht für andere zu einer Last werden wollen, die sie niemals wieder ausgleichen können; für die ein Leben mit Demenz nicht vorstellbar ist; die an chronischen, unheilbaren Krankheiten und unerträglichen Schmerzen leiden, die häufig leider immer noch zu wenig ernst genommen und gelindert werden. Männer sind gefährdet, die von dem großen Altersleiden, der Depression, betroffen sind; die Isolation und Einsamkeit nicht mehr ertragen; Männer, die diese mannigfachen Kränkungen der männlichen Identität nicht verkraften und darum die Selbsttötung als letzten Akt im Kampf um die Aufrechterhaltung ihres Selbstbildes als Mann wählen[59].

Schließlich steht der alte Mann vor der immer negativer ausfallenden gesellschaftlichen Kosten-Nutzen-Frage: Wenn Euthanasie zunehmend wieder als akzeptabel und normal betrachtet, wenn von angeblicher »Überalterung« der deutschen Bevölkerung*, »Rentnerschwemme« und »sozialverträglichem Ableben« dahergeredet wird, wenn täglich aufs Neue von »unlösbaren Rentenproblemen«, den angeblich durch die teuren Rentner hervorgerufenen überproportionalen Belastungen der Krankenkassen** zu lesen ist, dann kann ein sozial verantwortlich denkender Mann das Gefühl bekommen, sich aus dem Staub machen zu müssen.

---

*   Wo ist eigentlich definiert, was ein »gesunder«, »normaler« Altersaufbau und was eine »Überalterung« ist? Unstrittig ist doch, dass wir mit einer Alterspyramide wie vor 100 Jahren wieder die damalige hohe Kindersterblichkeit befürworten und einen ausgesprochen ungesunden Beitrag zur weiteren Überbevölkerung Deutschlands und der Welt leisten würden.

** Die hohen Gesundheitskosten sind nicht primär mit dem Alter, sondern mit dem Sterben verknüpft. Teuer ist, unabhängig vom Lebensalter, vor allem das letzte Lebensjahr vor dem Tod.

6. Was Männer in der Pflege brauchen

Man muss sich einen Stecken in der Jugend schneiden,
damit man im Alter daran gehen kann.
(Konfuzius)

Obwohl Pflegebedürftigkeit zunehmend der Regelfall und eine erwartbare Lebenssituation geworden ist, ist kaum jemand auf diese Herausforderung vorbereitet. Sie entsteht entweder langsam, in einem schleichenden Prozess, vor dem viele möglichst lange die Augen verschließen. Oder der Pflegefall tritt – etwa bei einem Oberschenkelhalsbruch nach ein, maximal zwei Wochen Aufenthalt im Krankenhaus – ganz plötzlich und unerwartet ein. Und jetzt stehen die Angehörigen vor einer Fülle von medizinischen, pflegerischen, finanziellen und anderen Fragen, auf die sie keine Antworten finden.

Wenn die Diagnose aus heiterem Himmel kommt

Diese Orientierungslosigkeit herrscht in besonderer Weise, wenn es um Demenz geht. Die Angst, den Kopf zu verlieren, ist eine unserer größten Ängste überhaupt. Auch wenn mit zunehmendem Lebensalter die Wahrscheinlichkeit steigt, an Alzheimer oder anderen Demenzen zu erkranken – ein Viertel aller über 85-Jährigen muss damit rechnen –, will sich fast niemand vor der Zeit und ohne Not mit diesem Thema befassen. Wenn dann die ersten Symptome auftreten, werden sie häufig nicht erkannt, insbesondere wenn es sich um eine Frühdemenz handelt. Das Verhalten des davon betroffenen Menschen wird bestenfalls als depressive Einschränkung behandelt und schlimmstenfalls als womöglich vorsätzliche boshafte Altersveränderung missdeutet. Die Partnerschaft hat oft heftige Belastungen und Konflikte auszuhalten, bevor dann irgendwann die klärende Diagnose »Alzheimer« oder »Frontotemporale Demenz« gestellt wird.

Ein »richtiger« Mann fragt nicht nach dem Weg, die nötigen Informationen holt er sich über sein Navigationsgerät oder seine Suchmaschine im Internet. Wen sollte er auch sonst befragen, wo doch auch viele Ärzte sich noch immer so wenig auskennen? Fünf Jahre brauchten sogar Fachärzte bei Paul P. bis sie die vermeintliche Depression seiner Frau als Demenz diagnostizierten. Andere Menschen um Rat zu fragen würde bedeuten, diese in den Augen vieler Menschen beschämende Krankheit zu veröffentlichen, sich selbst und den davon betroffenen Angehörigen bloßzustellen. Das ist vor allem zu Beginn keine geringe Hürde, die zu überwinden einigen Mut erfordert. So ist das Internet oft die erste und einzige Informationsquelle, um mehr über die Krankheit, ihre Symptome, ihre Behandlungsmöglichkeiten und ihre Prognose zu erfahren.

Was die Beteiligten auch und gerade in der Anfangszeit brauchten, ist umfassende und persönliche Information. So könnte Orientierung gegeben und Angst genommen werden. Und der Pflegende sowie der Pflegebedürftige könnten rechtzeitig planend in die Zukunft sehen und sich auf kommende schwierige Zeiten einstellen und vorbereiten*.

---

* Informationen zu Pflege im Allgemeinen: www.wege-zur-pflege.de
Informationen zu Alzheimer und anderen Formen der Demenz:
www.deutsche-alzheimer.de
Psychologische Online-Beratung für pflegende Angehörige:
www.pflegen-und-leben.de
Unter dem Suchbegriff »Pflegestützpunkt« findet man die nächstgelegene persönliche Pflegeberatung.

Wer sich nicht wehrt, lebt verkehrt

Gute Pflege kostet ziemlich viel; es entstehen Kosten, um die sich die Kranken- und Pflegekassen oft zu drücken versuchen. Die Einstufungen der Medizinischen Dienste der Pflegekassen sind – insbesondere bei demenziell Erkrankten – oft zu niedrig, sodass man sein gutes Recht per Widerspruchsverfahren, mit den nötigen Belegen und Pflegezeitnachweisen erstreiten muss. Zahlungen nach dem Pflegeversicherungsgesetz sind kein staatliches Almosen, mit dem man sich dankbar zu bescheiden hat, sondern eine Versicherungsleistung, für die man bezahlt und auf die man nun einen klaren Anspruch hat. Die Pflegeversicherung finanziert neben dem Pflegegeld an die Angehörigen oder den sogenannten Sachleistungen an die professionellen Pflegedienste auch Kurzzeit- und Urlaubspflege und fördert eine altersgerechte Wohnungsanpassung. Pflegezeiten werden von der Rentenversicherung als Leistung berücksichtigt, wenn die wöchentliche Pflegezeit mindestens 14 Stunden beträgt. Dann ist die Pflegeversicherung verpflichtet, für die private Pflegeperson Rentenbeiträge zu entrichten.

Wenn in den Interviews die Rede auf das Gesundheitssystem kam, sprachen die Männer fast ausnahmslos von Schwierigkeiten. Sie berichteten von kleineren und größeren Auseinandersetzungen mit Ärzten, Pflegediensten, Kranken- und Pflegekassen, dabei insbesondere mit dem Medizinischen Dienst und anderen Vertretern des Gesundheitssystems.

Norbert N. hat das Gefühl, alles für die Betreuung seiner Mutter erstreiten zu müssen: *»Das haben wir alles auf die Art erkämpfen müssen. Oder auch der Erstbesuch vom Medizinischen Dienst von der Krankenkasse war* *unbefriedigend, dann bekommst du keine Auskünfte, musst alles anfordern, bekommst wieder nichts. Dann haben wir mal den VdK eingeschaltet. Jetzt haben wir in einem Fall Klage eingereicht vorm Sozialgericht in A., weil es halt eben nicht so läuft mit der Kasse. Ich kann es nur so sagen, wurde auch hier mitgeteilt, es ist ein schwerer Kampf, den die Einzelnen immer wieder durchstehen müssen, weil von der Gegenseite bekommt man halt immer wieder Steine in den Weg geworfen. Und da mache ich schon weiter, ich bin da schon hinterher auch aus Eigeninteresse, sonst sind wir verloren.«* Und erbittert fügt er hinzu: »*Wenn ich, wie letztes Jahr im Krankenhaus, keine Vollmacht gehabt hätte, keine Patientenvollmacht, die hätten meine Mutter sofort eingewiesen in ein Heim … Die wäre vielleicht nicht mehr in eine Reha-Maßnahme gekommen, die hätten gesagt, ach was, die Alte, sage ich mal so, die soll in ein Heim gehen, fertig, aus.«*

Oskar O. hat die Erfahrung gemacht, dass das Gesundheitssystem seine Frau krank gemacht hat. »*Der Nachteil … in den normalen Krankenhäusern war der, dass mit meiner Frau dort wohl gewisse Gymnastiken gemacht wurden, die allerdings kein besonderes Ergebnis brachten. Im Gegenteil, es war so, dass nach dem letzten Krankenhausaufenthalt meiner Frau … dass sie, wie sie damals aus dem Krankenhaus kam, weder gehen konnte noch stehen konnte und damit also praktisch zu Hause, obwohl ich einen Treppenlift habe einbauen lassen, mit ziemlichen Kosten muss ich doch sagen – es ging nicht mehr. Das Gehen funktionierte nicht mehr, das Sitzen funktionierte nicht mehr, also, es war eine Katastrophe.«*

Ganz ähnlich die Erfahrung von Paul P.: »*Und dann kam die Empfehlung von verschiedenen Stellen … man*

*soll sie in die Psychiatrie bringen. Und das war ein abso-
luter Fehler, ein Quartalsfehler ... Wo sie ins Krankenhaus kam, war sie noch nicht inkontinent, wo sie raus-
kam, war sie inkontinent ... Und im Krankenhaus
haben die einfach nicht die Zeit mit den vielen Patienten, das bisschen Personal, wo da ist, auf die Toilette zu
gehen, und da braucht man Geduld dazu. Da geht man
halt zehnmal vielleicht umsonst raus, aber einmal
klappt's ... Alles, was ich da geübt habe, den ganzen Toilettengang hat sie in der Zeit im Krankenhaus vergessen
und war nachher inkontinent.«*

Andreas A. macht aus seiner Wut keinen Hehl: »*Und das
mit dem Medizinischen Dienst? Also dem würde ich gern
mal eine reinhauen. Die sollte man oben mal ganz groß
anschwärzen, das sind meiner Meinung nach keine Mediziner, müssen ja Mediziner sein, die da diese Gutach-
ten schreiben. Da läuft etwas, das ist sowas von übel! ...
Dass dieser Medizinische Dienst vom Tisch aus die Dinge
beurteilen soll ... ich finde es eine Unverschämtheit ...
Und ja, es ist so verrückt, er hat dann, nachdem ich also
Einspruch erhoben habe, dass 2 nicht stimmen kann,
hatte er dann, nachdem er tot war, 3 bekommen. Das ist
so ... also da gibt es schlimme Ausdrücke, die ich lieber
nicht sage ... Wenn ich meinen Vater in ein Pflegeheim
gesteckt hätte, wären 2400 Euro plötzlich da gewesen.
Die hätte der Staat zahlen müssen, ganz einfach.*«

Manfred Langehennig ist zu widersprechen, wenn er diese
Spannungen in seiner Untersuchung lediglich als eine Ex-
ternalisierung »unbearbeiteter Affekte und Konflikte« deu-
tet, wobei es vielen pflegenden Männern schwerfalle,
»ihre innerseelischen Konflikte als ihre eigenen zu erkennen«. Diese psychologische Dimension mag neben den ob-

jektiven Schwierigkeiten auch eine Rolle spielen, wenn der Mann sich »in solchen Konfrontationen wiederum als ›richtiger‹ Mann, der seine Frau beschützt und für sie kämpft«, versteht[60].

Was die ohnehin hochgradig belasteten pflegenden Männer brauchen, sind auf ihren konkreten Fall bezogene Informationen und persönliche Beratung über ihre Ansprüche und Rechte. Das können die Kassen und Medizinischen Dienste nur bedingt leisten, da sie im Interessenkonflikt zwischen ihrer Aufgabe, mit den Ressourcen sparsam zu verfahren, und dem Anliegen der Betroffenen, dass möglichst viele Kosten getragen werden, stehen.

Pflegende Männer brauchen Unterstützung von neutraler Seite oder durch bereits erfahrende Pflegende, was sich volkswirtschaftlich durchaus als kostengünstiger erweisen könnte, als Gerichte den Ausgleich herstellen zu lassen*.

Familiäre Pflege ist skandalös unterfinanziert. Das Pflegegeld, das Angehörige bekommen, ist um mehr als die Hälfte geringer als die Pflegesachleistung, die Pflegedienste oder stationäre Einrichtungen für ihre Leistungen erhalten. Pflege führt zur Verarmung und macht viele pflegende Angehörige ungewollt zu Hartz-IV-Empfängern. Das zwingt viele Menschen, ihre pflegebedürftigen Angehörigen einzig aus finanziellen Gründen in ein Heim zu geben.

Eine Anpassung des Pflegegeldes an die Pflegesachleistungen wird das akute Armutsrisiko in der Familienpflege spürbar verringern[61]. Das Pflegezeitgesetz zementiert bislang eher die ungleichen Geschlechterverhältnisse in der häuslichen Pflege. Es muss dringend in Richtung eines Rechtsanspruchs ausgebaut werden, der auch kleinere Be-

---

* Unterstützung bieten u.a. die Verbraucherzentralen www.verbraucherzentrale.de

triebe einschließt, eine längere Pflegezeit und finanzielle Kompensation ermöglicht, um berufstätigen Männern Angehörigenpflege zu erleichtern[62].

Ein guter Ehemann, ein guter Sohn pflegt nicht alleine!

Viele Pflegeverhältnisse fangen fast unbemerkt, ganz allmählich an und schleichen sich immer mehr in den häuslichen Alltag ein. Was als geringfügige »Nebentätigkeit« begann, entpuppt sich irgendwann als ein 24 Stunden füllender Vollzeitjob, der alle physischen und psychischen Kräfte absorbiert. Von Anfang an gilt daher in der häuslichen Pflege der Grundsatz »Ein guter Ehemann, ein guter Sohn pflegt nicht alleine!«.

Pflege sollte demnach vorausschauend so angelegt werden, dass man sie auch zehn Jahre gut durchhalten kann. Das geht nur, wenn alle möglichen Kräfte für einen gut kombinierten »Pflegemix« mobilisiert werden:

- Man sollte also andere Familienangehörige einbeziehen, wobei man auch die räumlich weiter entfernten angemessen teilhaben lassen sollte.
- Nachweislich sind immer mehr Nachbarn bei kleinen Unterstützungsleistungen gerne ansprechbar.
- Die Kirchen haben ehrenamtliche Besuchsdienste, zu denen in größeren Städten oft noch weitere Dienste kommen.
- Die professionelle Hilfe von ambulanten Pflegediensten hilft bei schweren Pflegeaufgaben, entlastet bei der Intimpflege und dient ganz nebenbei der eigenen Qualifizierung in Sachen Pflege.
- Den kirchlichen Sozialstationen sind meist auch Nach-

barschaftshilfen angegliedert, deren Mitarbeiterinnen einem für eine geringfügige Bezahlung ermöglichen, auch einmal das Haus zu verlassen.

■ Tages- und Betreuungsgruppen für demenziell Erkrankte, die über die Alzheimer-Gesellschaften koordiniert sind, können tagsüber Entlastung verschaffen.

Einige der interviewten Männer berichten von guten, stabilen und stützenden Erfahrungen mit ihrem Bekannten- und Freundeskreis.

Bruno B. nimmt seine schwer demente Frau wie selbstverständlich zu seinem Stammtisch mit. »*Da ist sie akzeptiert, alle kennen sie, alle wissen, wie es mit ihr steht und … sie ist zufrieden dabei und hat dann ein paar Leute um sich rum.*«

Der Bauarbeiter Cedomir C. hat ein gutes Netzwerk unter seinen Landsleuten. »*Immer kommt Besuch oder wir gehen zum Besuchen … Ich war einmal eine Woche im Krankenhaus … und die Nachbarin hat geschlafen bei meiner Frau.*«

Eugen E. nutzt fachlichen nachbarschaftlichen Rat. »*Ja, da bin ich durch die Nachbarschaft bestens versorgt. Kann auch Frau A., die ja auch in der Altenpflege tätig ist, interviewen. Einmal hab ich sie sogar auch mal zu Hilfe gerufen. An einem Sonntagnachmittag, wie ich mit dem Verhalten meiner Mutter nicht klarkam.*«

Ludwig L. hat eine Art Selbsthilfegruppe begründet. »*Und dann hat sich also, ja, so eine Zweckgemeinschaft ergeben … Und das Schöne war, dass nicht bloß wir uns verstanden haben, sondern die zwei Kranken, also meine Frau und der ihr Mann auch … Der A. und meine*

182

*Frau, die sind Händchen haltend vorausgelaufen und
wir sind hintendreingelaufen ... Und da hat sich jetzt
also so eine Sechsergruppe ergeben, und wir sind jetzt ...
hier in A. praktisch, ja, nicht gerade bekannt wie ein ro-
ter Hund ... Wir gehen auch mal in Besenwirtschaften
miteinander, wir gehen dorthin oder sonst wo, wir sind
dann zu sechst und nicht allein. Die Blicke verteilen sich
dann auf mehrere ... Das beste Heilmittel oder eine
funktionierende Freundschaft, Kameradschaft ist zehn
Mal mehr wert wie zehn Tabletten.«*

Auch Walter W. weiß sich gut getragen von seinem
Nachbarschaftsnetz, das er aktiv, etwa durch die Organisation eines gelegentlichen Straßenfests, pflegt. So kann
er sich darauf verlassen, dass die Nachbarn auch nach
seinem Schwiegervater schauen, dann *»krieg ich immer
Meldung«*.

Manche Männer sind stolz darauf, alles alleine und aus
eigener Kraft bewältigen zu können. Viele Männer sind
nach ihrem Selbstbild autonome Wesen, die alleine durchs
Leben kommen und keine Hilfe brauchen. Dahinter steckt
allerdings gelegentlich die Angst, dass von außen Kommende, insbesondere professionelle Pflegekräfte, die (vermeintliche) Unzulänglichkeit der eigenen Pflege entde-
cken könnten. Manche Männer befürchten allerdings
auch, dass sie ihre Selbstbestimmung verlieren, wenn sie
professionelle Pflegekräfte zuziehen. Diese Befürchtung
kann durchaus begründet sein, wie die schwedischen
Pflegeforscher Sandberg und Eriksson in Gesprächen mit
Männern belegt haben. Weibliche Pflegekräfte beachten
häufig zu wenig die Unterschiede zwischen Männern
und Frauen in der häuslichen Pflege. Sie verstehen oft zu
wenig die Autonomiebedürfnisse der Männer in der Pfle-

ge, die sich durch die Profis verdrängt und abgewertet fühlen.

Viele der interviewten Männer zogen keine professionellen Pflegedienste hinzu und begründeten dies fast ausnahmslos mit der fehlenden Eignung von deren Angeboten.

Für Kurt K. stimmt die Aufwand-Nutzen-Relation nicht: »*Da hab ich den Pflegedienst gehabt, die sind morgens gekommen, zehn Minuten, viertel Stunde, ja und haben geguckt, ob alles richtig ist, und gemacht haben sie nichts ... Das hat so viel Geld gekostet, das kann ich mir sparen.*«

Ludwig L. fühlt sich in seinem Tagesrhythmus gestört: »*Und dann möchte ich einfach, ich sage jetzt einmal, den Mittwoch und den Donnerstag auch noch mal mich im Bett rumdrehen und eine halbe Stunde länger liegen bleiben und nicht denken, oh, jetzt kommt die Diakonie, jetzt muss ich wieder aufstehen oder sonst irgendwie etwas.*«

Andreas A. hat den Eindruck, dass er alleine besser zurechtkommt. »*Nehmen wir mal das Beispiel mit der Versorgung der Wunde. Mein Gott, die kamen zehn Minuten. Was hat das jetzt an meiner Pflegerei große Erleichterung gebracht? Und wenn die eine halbe Stunde da gewesen wären ... sagen wir mal so beim Baden, das wäre schon manchmal gut gewesen, es hätte jemand geholfen, aber wenn da oben in dem engen Bad zwei Personen einen in die Wanne hieven, ja, mein Gott, da mache ich es lieber allein.*«

Ignatz I. hätte immer wieder Bedarf für eine Entlastung rund um die Uhr. Er hat »*drei Frauen, die uns ab und an mal unterstützen, aber nicht rund um die Uhr, das geht nicht. Und das ist der Knackpunkt und da drückt sich jeder drum. Da wird dann bloß eben mit dem Finger gezeigt, nicht wahr, der hat 'ne Polin zu Hause oder 'ne Tschechin oder Ungarin und halt illegal. Ist ja nicht gelöst.«*

Dieter D. würde es heute im Rückblick anders machen: *»Wir waren immer drauf aus, möglichst selber zurechtzukommen, das war vielleicht bisschen ein Fehler.«*

Gelingende Pflege erfordert neben einem guten Herz, ausreichendem Wissen, einigermaßen körperlichen Kräften insbesondere psychische Belastbarkeit und menschliche Reife. Das Konzept der »filialen Reife«[63] beschreibt die Notwendigkeit von pflegenden Söhnen und Töchtern, den Rollenwechsel vom abhängigen Kind in die fürsorgliche Quasi-Elternrolle zu vollziehen. Filiale Reife ist dann erreicht, wenn die eigenen Bedürfnisse gegen die Ansprüche der Eltern ausgewogen abgegrenzt und die Schuldgefühle angemessen verarbeitet werden können, die aus der Rollenkonfusion entstehen, »wenn Eltern Kinder werden und doch Eltern bleiben«[64]. Ein besonderer Glücksfall ist es natürlich, wenn die alten Eltern als Pendant die entsprechende »parentale Reife« als letzte Stufe der Elternrolle entwickelt haben.

Männer haben grundsätzlich eine größere äußere »Erlaubnis«, Hilfe in Anspruch zu nehmen, als Frauen. Insbesondere auf dem Land, aber auch in der Stadt, spüren Frauen sowohl die innere als auch die gesellschaftliche Verpflichtung, ihre Pflegeaufgabe klaglos und alleine zu bewältigen. Frauen bekommen deswegen weniger Anerkennung und Unterstützung als Männer; Hilfsangebote anzunehmen fällt ihnen schwerer, sie können schlechter Grenzen für ihre Belastbarkeit setzen, außerhäusliche Kontakte gehen eher verloren. Bei Männern hingegen wird die Pflegeleistung gesellschaftlich nicht als selbstverständlich vorausgesetzt; sie erhalten deswegen mehr Anerkennung und Hilfsangebote, die Delegation von Aufgaben – insbesondere der Intimpflege – ist akzeptiert, sie können außerhäusliche Kontakte besser aufrechterhalten und auch früher Grenzen setzen[65].

Pflegende Männer brauchen Öffentlichkeit

Gute Beispiele pflegender Männer müssen gesellschaftlich sichtbar gemacht werden. Männer, wie etwa Bruno B. oder Ludwig L., die sich umfassend und liebevoll um ihre demente Ehefrau kümmern, aber dennoch ein lebenswertes Leben weiterführen.

- Männer, die alle Möglichkeiten der professionellen und informellen Unterstützung nutzen,
- die sich und die Gepflegten, die noch viel zu oft verschämt versteckt sind, ihren Freunden, ihrem Umfeld und einer größeren Öffentlichkeit zumuten,
- die sich dadurch Freiräume erhalten, eigene Bedürfnisse erfüllen und auch ein Leben jenseits der Pflege nicht aus dem Blick verlieren.

Solche Männer müssen sichtbarer werden,

- um deutlich zu machen, dass pflegende Männer längst Normalität sind,
- um auch andere Männer zur Pflege zu ermutigen
- und um mit mehr Selbstbewusstsein und Stolz auftreten zu können.

In immer mehr Städten und Gemeinden wird dies über Kampagnen zur »demenzfreundlichen Kommune« befördert, wo die Themen »Demenz« und »Pflege« über Veranstaltungen und Schulungen für »Alltagshelfer« wie Einzelhändler, Taxifahrer, Polizisten und so weiter normalisiert werden*. So wie es nach einem afrikanischen Sprichwort ein ganzes Dorf braucht, um ein Kind zu erziehen, so braucht es ein ganzes Gemeinwesen, um alte Menschen und ihre Angehörigen nicht auszugrenzen und damit wir »leben und sterben, wo ich hingehore«, wie dies der renommierte Sozialpsychiater Klaus Dörner in seinem lesenswerten Buch überzeugend darlegt.

Solche Kampagnen fallen nicht vom Himmel, sie werden angestoßen von Männern und Frauen, die davon überzeugt sind, dass eine menschliche Gesellschaft eine inklusive ist, zu der alle, auch die Schwächsten gehören. Sie wissen, dass wir uns heute dafür einsetzen müssen, dass wir morgen nicht selbst ausgegrenzt werden. »Wir brauchen eine pflegekulturelle Revolution – weg vom familialen Individualismus zu einem öffentlichen Thema des Gemeinwesens.«[66]

Pflegende Männer brauchen pflegende Männer

Ein gutes Mittel gegen die Isolation sind Angehörigengruppen, die es in jeder Stadt gibt. Dort gibt es den Austausch von pflegenden Angehörigen in vergleichbaren Situationen, gibt es Informationen und auch Beratung durch Fachkräfte und dort geschieht das häufig Allerwichtigste: Die Entdeckung, dass ich nicht der Einzige bin, der von seinen Herausforderungen erdrückt wird, der an seine

---

* www.aktion-demenz.de

Grenzen kommt, der sich alleingelassen fühlt – mit einem Wort, dass meine Probleme die ganz alltäglichen Probleme jedes pflegenden Angehörigen sind.

Neben Angehörigengruppen, die häufig einen Schwerpunkt beim Thema Demenz haben, gibt es eine Vielzahl von Selbsthilfegruppen für fast alle chronischen und schweren Krankheiten. Dort treffen sich Betroffene oder auch ihre Angehörigen, tauschen ihre Erfahrungen aus, stützen sich gegenseitig und verfügen meist über einen großen Schatz von Informationen und Tipps*.

Einige der interviewten Männer hatten bereits Kontakt zu einer Gruppe für pflegende Angehörige. Nur zwei der Männer erlebten dieses Angebot jedoch als wirklich hilfreich.

> Günter G. geht gerne zu seiner Angehörigengruppe. »*Wenn es irgendwie geht, dass ich meine Frau unterbringe, dass ich sie zu meiner Tochter tun kann oder so, dann nehme ich das allemal wahr. Da hört man dann, dass vieles auch bei anderen parallel läuft, etwa gleich spielt sich so etwa das Leben ab, bei einem geht es noch schneller rückwärts, beim anderen stabilisiert sich es ein bisschen … Die Gruppe hilft insofern, dass man sieht, andere stehen gerade so da. Also, man ist nicht alleine.*«

> Ludwig L. geht inzwischen mehr aus einer Art Treuegefühl zu seiner Gruppe. »*Am Anfang waren da einfach gewisse Informationen von Betroffenen. Und da muss ich auch ehrlicherweise sagen, ich bin dann von A. zurückgefahren, frohgemut und heiter in Anführungszeichen: Bin ich froh, dass ich diese Probleme, die da ange-*

---

* Nationale Datenbank zu Selbsthilfegruppen aller Art: www.nakos.de

sprochen worden sind, dass ich die noch nicht habe. Und heut sag ich mir … wenn der sich jetzt die Zeit nimmt für uns, dann möcht ich ihm jetzt einfach die Rückmeldung geben, dass ich das gerne in Anspruch nehme und dass er nicht vor leeren Stühlen sitzt und so weiter und so fort. Es ist eine nette Gemeinschaft, wir machen jedes Jahr einen Ausflug miteinander.«

Mehrfach einhellig als das hilfreichste Angebot für Angehörige überhaupt wurde das Alzheimer Therapiezentrum in Bad Aibling benannt. Auch Paul P. war davon begeistert: *»Da kommen ja nur Ehepaare hin und ganz, ganz wenige Kinder mit Eltern, also immer Partner kommen da hin … und da trifft man dann auf Seinesgleichen … Zum einen wird der Patient sehr gut betreut … zum anderen lernt der Pfleger sehr viel, und zwar vom Rechtlichen bis zum Medizinischen nahezu alles, was für eine Pflege erforderlich ist, aber natürlich im Schnelldurchlauf und nicht in der Praxis, sondern nur in der Theorie, das ist ein bisschen ein Nachteil. Aber was sehr gut ist, ist, dass man dort sich mit Gleichbetroffenen austauschen kann … Also gleiche Wellenlänge liegt dort vor, während bei einer Angehörigengruppe, die müsste man speziell zusammensetzen für Ehepartner.«*

Drei der interviewten Männer fanden die Angehörigengruppe nicht passend für ihre Bedürfnisse.

Bruno B. konnte dem Austausch nichts abgewinnen. *»Da saßen wir etwa anderthalb Stunden zusammen, jeder hat seine Probleme und jeder dreht sich in der Unterhaltung an sich nur um seine eigenen Probleme, die er jetzt mit der Person, die er betreut, hat. Und ich konnte überhaupt nichts daraus profitieren, dass ich gesagt* *hätte, da bekommst du irgendwo einen Tipp oder irgendwo Infos, wie man das erleichtern kann oder wie man sich irgendwo die Pflege besser einrichten kann. Dass man Tipps bekommt oder so, das war überhaupt nicht der Fall. Null. Wenn nur jeder erzählt, wie schwer er es hat, das bringt mir wenig, also lass ich es.«*

Helmut H. fühlt sich von den Geschichten der anderen Gruppenteilnehmenden eher be- als entlastet. *»Ich habe einmal an einem Gesprächskreis für pflegende Angehörige teilgenommen ... Hat mich eher deprimiert und es ging hauptsächlich in den Gesprächen um die Aufarbeitung von Beziehungsstörungen im Verhältnis zwischen den Pflegenden und der Pflegeperson und dem Pflegling. Und da habe ich nichts, was mich belastet ... Mich hat das deswegen deprimiert, weil ich oft das Gefühl gehabt habe, dass die alten Rechnungen ... in den Pflegesituationen vielleicht beglichen werden. Das ist natürlich schrecklich!«*

So auch Paul P.: *»Ja, in der Angehörigengruppe von A. war ich zwei, drei Mal dort und bin nicht mehr hingegangen. Das hat sicher ein Vorteil, da kann man sich austauschen mit Gleichgesinnten, hat aber für mich zwei eklatante Nachteile gehabt: Der eine Nachteil war, dass dort Schicksale herausgekommen sind, die mich noch mehr belastet haben. Also von anderen, und das wollte ich auf gar keinen Fall. Ich war damals in einem tiefen Loch gesessen und durch die Diagnose von meiner Frau so stark belastet, dass ich mir das nicht zumuten wollte, auch noch das von den anderen.«*

Paul P. nennt noch einen anderen *»Riesennachteil«*: *»Die sind zusammengesetzt worden aus lauter Kindern*

*oder Schwiegerkindern von Betroffenen, also von Alters-
demenzkranken, die waren teilweise schon 90, und da
war dann meistens die Schwiegertochter da, die die
Schwiegermutter gepflegt hat. Und die Sorgen, die eine
Schwiegertochter hat für die Schwiegermutter sind ganz
anders gelagert wie für einen Ehepartner. Ein Ehepartner ist viel, viel mehr betroffen von der Krankheit von
seiner Ehefrau oder von seinem Ehepartner. Kinder oder
Schwiegerkinder, denen ihr Leben wird dadurch nicht
zerstört, aber mein Leben ist durch ihre Krankheit mit
zerstört worden. Ich habe also ganz andere Sorgen gehabt, und wenn ich dort in der Angehörigengruppe
meine Sorgen mal besprechen wollte oder Gleichgesinnte
treffen wollte, dann hatte ich keinen Partner dort in der
Gruppe und deshalb bin ich nicht mehr hingegangen.«*

Männer brauchen daher Männer-Angehörigengruppen
unter männlicher Anleitung, wie dies auch Detlef Betz erprobt und beschrieben hat[67]. Gruppen, in denen sie zunächst einmal alle erforderlichen sachlichen Informationen bekommen, in denen sie von Mann zu Mann auf ihre
Art kommunizieren können, sich in der Rolle als Coach
gegenseitig unterstützen und sich in ihrer männliche Identität stärken können. Dort kann auch das nötige Vertrauen
entstehen, um über die tabuisierten Themen Intimpflege,
Scham und Ekel zu sprechen. Denn was für Frauen größ-
tenteils vertraute Erfahrungen sind, ist für die meisten
Männer etwas Neues und Heikles, das hier zur Sprache
kommen darf.

Gesucht sind Pflegepioniere

Pioniere auf dem Weg zu einer Gleichstellung der Geschlechter in der Kindererziehung waren vor noch nicht allzu langer Zeit Männer, die sich trauten, öffentlich einen Kinderwagen zu schieben, sind Männer, die ihre Elternzeit zulasten ihrer Karrierechancen beanspruchen, sind Männer, die mit ihrer Frau gar komplett die traditionellen Rollen tauschen. Solche Männer braucht auch die Altenpflege:

- Männer, die ihren Angehörigen im Rollstuhl ganz selbstverständlich überallhin mitnehmen oder wie Bruno B. anderen Fahrgästen in der Straßenbahn die Rufe der verwirrten Ehefrau zumuten;
- Männer, die auch gegen betriebliche Widerstände die Freistellungsmöglichkeiten des Pflegezeitgesetzes extensiv beanspruchen oder gar einen unbezahlten Urlaub durchsetzen;
- Söhne, die ihre Mutter nicht nur zu sich nehmen, sondern auch selbst ihre Pflege übernehmen und sie nicht der Schwiegertochter zuschieben.

Das ist, wie man an der Geschichte der Geschlechtergerechtigkeit in Bezug auf die Kinderbetreuung sehen kann, ein langer Weg, aber auch ein Hoffnung stiftender. Und zu diesem Weg gibt es im Übrigen im Hinblick auf den demografischen Wandel überhaupt keine Alternative. Wir werden im Alter nur dann noch ausreichend versorgt und gepflegt sein, wenn wir alle erdenklichen gesellschaftlichen Kräfte hierfür mobilisieren.

Als berufstätiger Mann eine Pflegezeit zu nehmen ist derzeit noch um einiges schwerer, als eine Auszeit wegen Kindererziehung zu beanspruchen. Wo schon der Erziehungsurlaub einen Karriereknick nach sich ziehen kann, ist die gesellschaftliche und betriebliche Akzeptanz für einen Mann, der zu Hause bleibt, um Vater oder Mutter zu pflegen, noch weit weniger entwickelt. So ist männliche Angehörigenpflege bislang vor allem Ehepartnerpflege, die für viele Männer erst nach dem Austritt aus dem Beruf denkbar wird.

Seit 2012 gibt es das (Familien-)Pflegezeitgesetz, das einen zwar noch unzureichenden und bislang kaum beanspruchten, aber immerhin ersten Schritt in eine rechtliche und finanzielle Absicherung von Pflegezeiten darstellt. Bei akut aufgetretener Pflegesituation besteht ein Anspruch auf unbezahlte Freistellung für maximal zehn Arbeitstage; bei längerfristiger Pflege ist eine unbezahlte vollständige oder teilweise Freistellung für maximal sechs Monate möglich. Beide Ansprüche bestehen allerdings nur in Unternehmen mit mehr als 15 Beschäftigten (und damit nur für rund 40 Prozent aller Beschäftigten überhaupt). Kein Rechtsanspruch, sondern nur eine Kann-Leistung des Arbeitgebers ist die Verringerung der Arbeitszeit auf bis zu 50 Prozent für längstens zwei Jahre; hierfür wird ein Lohnausgleich auf 75 Prozent des bisherigen Gehalts geleistet, der in der sogenannten Nachpflegephase vom Arbeitnehmer wieder ausgeglichen werden muss*.

Dies sind gute Ansätze, in der Praxis bleibt dieses Gesetz, wie schon die Pflegeversicherung, einem traditionellen, »familiaristischen Bild«, das eher »vormodernen Lebensentwürfen« entspricht[68], verhaftet: Am Ende führen die sogenannten Opportunitätskosten dazu, dass es die in der Regel weniger verdienende, Teilzeit arbeitende Ehefrau ist, die den Beruf aufgibt, um sich der Sorgearbeit zu widmen. Denn die andere Lösung, dass der Mann pflegt,

---

* www.familien-pflege-zeit.de

wäre zu teuer oder das verbleibende Familieneinkommen würde nicht mehr ausreichen. Oder es können nur Freiberufler, wie Andreas A., Beruf und Pflege miteinander vereinbaren, der »*mit einem Kunden telefoniert ... und der Kunde sieht ja nicht, dass ich fünf Minuten später Windeln wechsle*«.

Dabei ist durchaus von einer hohen Pflegebereitschaft der Männer auszugehen, wie die repräsentative Männerstudie der evangelischen und katholischen Kirche in Deutschland 2009[69] belegt. Zugunsten der Pflege alter oder kranker Angehöriger können sich mit 57 Prozent mehr als die Hälfte aller befragten Männer vorstellen, auf Teilzeitarbeit zu reduzieren, 15 Prozent würden gar ganz zu arbeiten aufhören und nur 29 Prozent betrachten die Pflege von Angehörigen als keine Aufgabe für Männer und würden deswegen keinesfalls pflegen. Die Argumente, mit denen Männer ihre Distanz zur Pflege begründen, sind rational: Ein Drittel der Befragten sieht durch Pflege die beruflichen Aufstiegschancen gefährdet; fast die Hälfte hält es aus finanziellen Gründen für »vernünftiger«, wenn die weniger verdienende Frau die Pflege übernimmt; fast ebenso groß ist die Gruppe derer, die die Auffassung vertreten, dass professionelle Dienste bessere Arbeit leisten und dem Pflegebedürftigen deshalb besser helfen könnten[70].

So liegen die Antworten auf die Frage, wie Berufstätigkeit und Pflege vereinbart werden können, auf der Hand:

- Pflegende Männer als Männertätigkeit sichtbar machen und normalisieren,
- gesellschaftliche und betriebliche Leitbilder modernisieren,
- ausreichende finanzielle Absicherung gewährleisten.

Die innere Bereicherung durch die Pflege wahrnehmen

Pflege, insbesondere von Altersverwirrten, soll mit ihren teilweise übermenschlichen Belastungen nicht bagatellisiert und beschönigt werden. Aber wenn häusliche Pflege in Fachkreisen fast nur einseitig als Belastung thematisiert wird, entsteht ein verzerrtes Bild. Ein solches Schreckensbild führt zu einer weiteren Abwertung und Verdrängung von Pflege und lädt – insbesondere Männer – nicht gerade zum Engagement ein. Dabei sprachen ja fast alle interviewten Männer auch von den Bereicherungen, die sie erfuhren: was sie ihrer Frau zurückgeben konnten, wie ihre Beziehung noch einmal eine ganz andere Tiefe und Qualität bekam, wie ihr Leben neue Bedeutung und Sinn erfuhr.

Um eine Parallele zu ziehen: Auch der Begriff der »Doppelbelastung der Frau« wird im Zusammenhang mit Kinderbetreuung häufig völlig unreflektiert gebraucht. Auch er ist weder einladend, noch wird er der Realität vieler Teilzeit berufstätiger Mütter gerecht. Sind nicht vielmehr die Männer in ihrer einseitigen »Monobelastung« durch den Beruf zu bedauern, die sich an der Betreuung von Kindern und Alten nicht beteiligen können und darum auch nicht wissen, was ihnen da an bereichernden Lebens- und Beziehungserfahrungen abgeht?

Männer, die nicht mit Pflege in Berührung kommen, werden so womöglich auch um ihre zweite Chance gebracht. Die jetzt älteren Männer, deren Zeit als Vater oft noch von traditioneller Männlichkeit geprägt war und die Kinderbetreuung noch als Frauensache auffassten, diese Männer könnten jetzt ihre zweite Care-Chance bekommen: Sie könnten erleben, wie die intensive Zuwendung zu einem pflegebedürftigen Angehörigen ihr Leben um Persönlichkeitsdimensionen bereichern kann, die ihnen bislang unbekannt waren.

> *»Es gab früher viele Jahre, da war ich außerstande, herzlich zu sein gegenüber meiner Mutter«*, sagt Eugen E. *»Aber die Herzlichkeit, die ich ja jetzt von ihr bekomme und ihr vielleicht auch anbiete, das ist vielleicht, was intensiver wurde.«*

Oder wie Ignatz I. seine neuen Erfahrungen beschreibt: *»Die Zärtlichkeiten oder Ansprache und so weiter, dass sie darauf reagiert, das zurückgibt, und dass man also dadurch 'ne gewisse Stärkung immer wieder hat ... Es vergeht eigentlich kein Morgen, wenn ich sie wecke oder so, dass sie lächelt und dass sie irgendwie einen zufriedenen Eindruck macht und so weiter ... Da ist in gewisser Weise fast noch 'ne engere Bindung entstanden.«*

Männer mit einer solch unverhofften zweiten Chance können überkommene und einengende Normen von Männlichkeit überwinden; sie können erfahren und spüren, dass es jenseits von Sachlichkeit, Härte und Distanz Möglichkeiten der Begegnung gibt, die ihre Spielräume erweitern und ihre Beziehung vertiefen. Auch mir öffnete diesbezüglich erst die Schilderung von Dorothea Jöllenbeck, die »Zurück nach Hause« ging, um ihren alten Vater zu pflegen[71], die Augen. Wie kann man nur, so dachte ich zunächst, wider besseres Wissen alles und sich aufgeben? Bis mir dann immer deutlicher wurde, welche Bereicherung sie und ihr Vater durch diese späte Fürsorge erfahren konnten und welche Versöhnung in ihrer schwierigen Vaterbeziehung so noch möglich wurde.

Zu der zweiten Chance, die die Pflegetätigkeit Männern bietet, könnte auch die Entdeckung der eigenen »Helfensbedürftigkeit« gehören. Der Sozialwissenschaftler Klaus Dörner ist davon überzeugt, dass jeder Mensch nicht nur hilfsbedürftig, sondern immer auch helfensbedürftig ist[72]. Nach einem Berufsleben, das oft von einer starken Sachorientierung geprägt war, fehlt vielen Männern die beglückende Erfahrung, die in der womöglich zweckfreien Zuwendung zu einem anderen Menschen liegen kann. So wenden sich Männer im Ruhestand oft lieber einem handfesten, sachbezogenen Ehrenamt zu als einem sozialen, beziehungsorientierten Engagement, das – wie zum Beispiel die Sterbebegleitung in einem Hospizdienst – scheinbar doch »so wenig bringt«. Männern könnte darum das Betreuen und Pflegen eines alten Menschen die existenzielle Erfahrung vermitteln, die der Religionsphilosoph Martin Buber in die Formel gefasst hat »Alles wirkliche Leben ist Begegnung«.

Pflege von Angehörigen könnte auch helfen, das große Vakuum zu füllen, in das nicht wenige Männer mit dem Eintritt in die Rente stürzen. Als Spätheimkehrer aus ihrer anderen, beruflichen Welt, in der sie 40 Jahre ihren Selbstwert, ihren Lebenssinn, ihre Tagesstruktur, ihre Sozialkontakte bezogen, wollen und sollen sie nun all dies zu Hause, in der Welt ihrer Frau, finden[73]. Die Chancen, dass dies gelingt, sind nicht allzu hoch, und darum muss der Mann losziehen, um nach dem Berufsleben sein zweites Projekt zu finden. Ein Projekt, das nicht nur die Zeit vertreibt oder gar totschlägt, sondern wo er, wie Klaus Dörner sagt, seine sinnstiftende »Tagesdosis an Bedeutung für andere« erfährt.

Die Beschäftigung mit Pflege gibt nicht nur dem sogenannten Dritten Alter, jenen guten Jahren zwischen Berufsaufgabe und beginnender Gebrechlichkeit, Sinn. Sie kann auch helfen, die Angst vor dem Vierten Alter, im statistischen Durchschnitt ab ungefähr 80 bis 85 Jahren beginnend, abzubauen. Pflegebedürftigkeit ist mehr tabuisiert als Sterben und Tod, weil sie mit einer zunehmenden und irreversiblen Abhängigkeit einhergeht, die uns Männer besonders trifft, waren wir doch schon seit Jungenjahren so stolz auf unsere angebliche Unabhängigkeit, die uns endlich erwachsen sein ließ. Der Verlust von Selbstständigkeit und Kontrolle bedeutet darum den Verlust des Erwachsenenstatus und des Zentrums männlicher Identität. Der alte, pflegebedürftige Mann »fällt gewissermaßen zurück in eine weibliche Welt, in der er wie ein Kleinkind versorgt wird. So war er einmal gewesen, doch so wollte er als Mann nie wieder werden.«[74] So wird dieses Thema von vielen Älteren verleugnet, führt dafür aber im Unterbewusstsein ein umso stärkeres Regime. Wenn die wachsende Angst nicht thematisiert werden darf, absorbiert sie immer mehr Anteile unseres psychischen Energiehaushaltes, um sie niederzuhalten. Und deswegen hilft die aktive Begegnung mit diesen Ängsten, diese zu normalisieren und als etwas zu betrachten, was eben zu einem langen Leben dazugehört und wie alles im Leben auch seine schönen Seiten hat.

7. Und wer wird uns pflegen?

Will you still need me
will you still feed me?
(Paul McCartney)

Die gute Zeit der Alten ist heute!

Wenn es um die Gegenwart und Zukunft der Altenpflege geht, dann lässt im Allgemeinen der Verweis auf die so »gute alte Zeit« nicht lange auf sich warten. Eine Zeit, in der die Alten angeblich noch nicht in die Heime abgeschoben worden seien, sondern im Schoße der Großfamilie geborgen waren, geehrt und allseits geachtet. Doch die Sozialforschung hat längst belegt, dass die »gute alte Zeit« der Alten ein Mythos ist. Das Leben war bis vor 100 Jahren noch maßgeblich von der Landwirtschaft geprägt. Wie sah die Lebenspraxis in dieser Gesellschaft aus? Die Alten zögerten einerseits die Hofübergabe weit hinaus, um Einfluss, Einkommen und ein Auskommen zu haben; andererseits war die Heiratserlaubnis des Sohnes an diese Übergabe gebunden. Bei der vergleichsweise späten Heirat erfolgte dann meist nur eine Teilübergabe und man kann sich gut vorstellen, dass diese Übergabebedingungen alles andere als günstige Voraussetzungen waren, um Liebe und Ehrfurcht seitens der Jungen für die Alten zu fördern. Ein Beleg für diese Spannungen zwischen den Generationen waren und sind die Hofübergabeverträge, in denen die Alten, wollten sie nicht verhungern, Ihre Versorgung, manchmal sogar das Recht zum Betreten der Stube, lückenlos vertraglich abzusichern versuchten.

Wo irgend möglich lebten, auch unter ärmsten Bedingungen, Jung und Alt räumlich voneinander getrennt.

Jung und Alt, das waren aufgrund der späten Heirat und der geringeren Lebenserwartung im Übrigen in der Regel lediglich zwei gleichzeitig lebende Generationen. Die viel beschworene, harmonische Großfamilie war die Ausnahme und meist nur in großbürgerlichen Verhältnissen zu finden. Der Alternsforscher Leopold Rosenmayr kam in seinen Kultur vergleichenden Studien zu diesem Ergebnis: »In den meisten Regionen des westlichen und nördlichen Europa gibt es weder ein Leben der Generationen unter einem Dach über deren gesamte Lebensspanne hinweg noch ein umfassendes Recht auf Pflege und Versorgung durch die Familie im Falle von Krankheit oder dauernder Gebrechlichkeit.«[75]

»Die gute alte Zeit« war also keineswegs so gut. Aber warum wird sie dann so hartnäckig auch von Leuten, die es eigentlich besser wissen müssten, immer wieder beschworen? Mit erhobenem Zeigefinger wird das Gespenst einer Angehörigengeneration an die Wand gemalt, die ihre Alten angeblich alle ins Heim abschiebt*. Wie infam und unberechtigt dieses ideologische Gerede ist, zeigt ein Blick auf die demografische Entwicklung, die unter anderem belegt, dass noch zu keiner Zeit so viele Angehörige so viele alte Menschen gepflegt haben wie heute. Die gute Zeit der Alten ist heute! Denn zu keiner Zeit in keinem Land der Erde gab es jemals so viele alte Menschen, die im Durchschnitt materiell so abgesichert, bei so stabiler Gesundheit, bei so guter Versorgung so lange lebten wie die heutigen Altengenerationen in der reichen Welt.

---

* Nicht einmal 5 Prozent der über 65-Jährigen leben in Heimen, erst jenseits der 80 steigt ihr Anteil auf rund 20 Prozent ihrer Altersgruppe. Und »abgeschoben« werden die wenigsten, wo es doch billigere, das Erbe schützende Lösungen etwa mit osteuropäischen Haushaltshilfen gibt.

Das vierfache Altern

Wie auch immer die alten Zeiten gewesen sein mögen, Tatsache ist, dass wir uns mitten in einem epochalen und grundlegenden Wandel der Altersstruktur unserer Gesellschaft befinden, der schon deswegen jeden Vergleich mit früher verbietet. Ein Blick auf den Altersaufbau der deutschen Bevölkerung zeigt diesen radikalen Veränderungsprozess: Die klassische Alterspyramide, die über Jahrtausende immer eine breite Basis bei Kindern und Jugendlichen hatte, hat sich innerhalb von gut 100 Jahren auf den Kopf gestellt. Die Älteren stellen die Mehrheit, die Pyramide wird zum Pilz. Dieser demografische Strukturwandel ist deswegen historisch so einmalig, weil vier Faktoren – das vierfache Altern – gleichzeitig aufeinandertreffen. Wir werden uns, wenn wir selbst einmal alt sind, in einer vollkommen anderen Altersschichtung wiederfinden als unsere Großeltern.

■ **Es gibt immer mehr Ältere (Quantität)**
Noch zu keiner Zeit gab es so viele alte Menschen wie heute. 1870, zur Zeit der Einführung der Rentenversicherung, lag das Durchschnittsalter der Bevölkerung in Deutschland unter 30 Jahren, inzwischen ist es auf knapp 45 Jahre angestiegen. Der Anteil der über 65-Jährigen lag seinerzeit bei 5 Prozent und hat sich inzwischen vervierfacht. Deutschland ergraut.

■ **... die immer älter werden (Hochaltrigkeit)**
Lag die durchschnittliche Lebenserwartung 1870 noch unter 40 Jahren, so haben Männer mit 60 heute im Durchschnitt eine weitere Lebenserwartung von 20 und Frauen von 24 Jahren. Jedes zweite neugeborene Mädchen kann heute mit einer Lebensspanne von 100 Jah-

ren rechnen. Die Zahl der über 80-Jährigen, also der potenziell Pflegebedürftigen, wird sich bis 2040 verdoppeln. Wurden 1939 im gesamten Deutschen Reich gerade einmal 16 über 100-Jährige gezählt, wird deren Zahl heute auf rund 13 000 geschätzt.

- ... die immer früher alt gemacht wurden (Entberuflichung)
Auch wenn das Berufsaustrittsalter langsam wieder angehoben wird und bereits über ein Rentenalter von 70 diskutiert wird, ist mit 60 Jahren bereits über die Hälfte aller Erwerbstätigen aus dem Berufsleben ausgeschieden, der Renteneintritt erfolgt allerdings im Schnitt erst drei bis vier Jahre später. Mit diesem jungen, sogenannten Dritten Alter, ist ein historisch völlig neuer Lebensabschnitt, eine Fortsetzung des Erwachsenenlebens ohne Erwerbstätigkeit, entstanden.

- ... und denen immer weniger Jüngere gegenüberstehen (Altersquotient)
Gab es 1870 noch achtmal so viele unter 20-Jährige wie über 65-Jährige, so halten sich beide Gruppen inzwischen die Waage, und schon 2040 wird es doppelt so viele Alte wie Junge geben. Das Verhältnis von potenziell Pflegebedürftigen, also über 80-Jährigen, zu Erwachsenen zwischen 20 und 65 betrug 1960 noch eins zu dreißig, liegt heute bei eins zu elf und wird 2040 auf eins zu vier absinken[76].

Dieses vierfache Altern unserer Gesellschaft konfrontiert uns mit einer Reihe neuer Fragen und Aufgaben, für die wir keine historischen Vorbilder haben. Zu keiner Zeit gab es in irgendeiner Gesellschaft mehr Alte als Junge. Hochaltrigkeit als ehemals singuläres, privates Ereignis wird zum Massenphänomen. Pflegebedürftigkeit und Altersdemenz sind zum biografischen Regelfall geworden. Alter ist erstmalig eine umfassende gesamtgesellschaftliche, von manchen als »Alterslast« beklagte Aufgabe.

Pflege – die Herausforderung des 21. Jahrhunderts

Wenn schon im Jahr 2020 auf einen über 80-Jährigen noch zwei unter 20-Jährige kommen, dann ist die Not in der Pflege groß. Der Pflegenotstand ist längst da: Immer mehr Pflegeheimbetten können nicht mehr belegt werden, und nicht etwa, weil es zu wenige pflegebedürftige Alte gäbe, sondern weil es nicht mehr genügend professionelle Pflegekräfte auf dem Arbeitsmarkt gibt. Das Statistische Bundesamt geht bis 2030 von einer Steigerung der Zahl der Pflegebedürftigen um 50 Prozent auf 3,4 Millionen aus, bis 2050 auf 4,5 Millionen. Dies bedeutet, dass sich der Bedarf an Pflegekräften bis 2050 auf bis zu 1,6 Millionen fast verdreifachen könnte[77]. Jeder zweite Mann und drei von vier Frauen werden bis zu ihrem Lebensende Leistungen der Pflegeversicherung in Anspruch nehmen.

Wir müssen uns also rasch etwas einfallen lassen, um diese sich immer weiter öffnende Deckungslücke zu schließen. Einiges wird bereits versucht: Die Unterstützung von pflegenden Angehörigen durch Leistungen der Pflegeversicherungen oder Möglichkeiten zur Beurlaubung durch das Pflegezeitgesetz – beides immer noch entwicklungsbedürftig; der Import von Pflegekräften aus dem europäischen bis zum fernen Osten in Privathaushalte oder in professionelle Pflegedienste und Heime; der Export von Pflegebedürftigen in südliche Urlaubsländer, wo es inzwischen auch deutsche Pflegeheime gibt, oder nach Osteuropa, wo die Heimpflegetarife noch drastisch günstiger sind. Manche älteren Männer warten nicht auf die große, gesellschaftliche Lösung, sondern investieren lieber in ihre individuelle »Pflegeversicherung«, die junge Lebenspartnerin aus Asien, auf deren dereinst liebevolle Pflege sie ihre Hoffnung setzen.

Heute schon an morgen denken

Wer Skrupel mit einer solchen Partnersuche per Katalog hat oder wessen Partnerin womöglich damit nicht einverstanden ist, der muss vor allen Dingen eines tun: heute schon an morgen denken! Da die Jungen und damit die potenziellen Pflegenden immer weniger werden, müssen wir selbst schauen, wie wir Pflegebedürftigkeit möglichst weit hinausschieben können. Es geht also um Prävention[78], an erster Stelle um die gesundheitliche: Der Körper, für viele Männer lange Zeit ein Weggefährte, mit dem sie nicht allzu freundlich und fürsorglich umgegangen sind, der gefälligst seine verdammte Pflicht zu tun hatte, was bin ich ihm schuldig geblieben? Wie achtsam oder gedankenlos, wie liebevoll oder lieblos bin ich mit meinem Körper umgegangen? Welchen Preis werde ich bezahlen müssen, wenn ich meine bisherige Lebensweise unverändert fortsetze? Was habe ich für meine Fitness, für meine Ernährung, für mein Gewicht, für meine Gesundheit insgesamt getan? Wann habe ich mich zum letzten Mal rundum untersuchen lassen? Welche Zeit und Energie sollte ich fortan investieren, um meinem Leib, dem *alternden Gesellen*[79], mehr liebevolle Zuwendung schenken zu können?

Zur Prävention gehören auch Geist und Seele. Wie kann ich innerlich besser zur Ruhe kommen? Wie kann ich Essen und Trinken, Musik, Kunst, Natur und all die anderen Schönheiten und Köstlichkeiten des Lebens mehr genie-

ßen? Wo will ich mich von äußeren Zwängen und Ober-
flächlichkeiten verabschieden und mein Leben mehr vertiefen? In welcher Wüste, in welchem Kloster, in welchem
geistigen Gebäude sollte ich suchen, um Antworten auf
meine – derzeit vielleicht noch unbewussten, womöglich
depressiv getarnten – Sinnfragen zu finden? Wo sollte ich,
wie es für die kleine Maus »Frederick« von Leo Lionni beschrieben wurde[80], an meine innere Schatzkiste denken,
die mir dereinst in den dunkler werdenden Tagen Licht
und Lebensfreude spenden können?

Ein gutes Alter ist teuer und darum spielt natürlich
auch die materielle Alterssicherung für die Prävention
eine wichtige Rolle. Die Pflegeversicherung ist lediglich
eine Teilkaskoversicherung, die nicht mehr verspricht, als
uns einigermaßen satt und sauber zu halten, und dies erst
ab einer anerkannten Pflegestufe. Für den großen Bereich
der oft lange schon vorher einsetzenden Einschränkungen
der Alltagsversorgung, der Mobilität, der sozialen Teilhabe
müssen wir aus eigener Tasche aufkommen. Nach den Daten des Sozioökonomischen Panels liegt die durchschnittliche Lebenserwartung von Männern in der oberen Hälfte
der Einkommensverteilung bei 81 Jahren, während die der
anderen Hälfte bei 77 Jahren liegt[81]. Die Differenz zwischen der Lebenserwartung der oberen und unteren 10
Prozent wird auf rund 10 Jahre geschätzt. Wie auch immer es dann bei jedem von uns aussehen wird: Wir müssen heute vorausschauend für morgen planen.

Einsam oder gemeinsam

Der Verbleib in der eigenen Wohnung und damit der Erhalt der Selbstständigkeit hängen entscheidend von Umfang und Qualität des sozialen Netzwerks ab. Die sozialen

Bezüge der Männer sind im Durchschnitt deutlich schwächer als die der Frauen. Und wer meint, es genüge doch, Frau und Kinder zu haben, der wird sich womöglich eines Tages getäuscht haben. Immerhin rund 30 Prozent aller Männer jenseits der 80 sind Witwer, rund 40 Prozent sind alleinstehend, wenn man die Ledigen und Geschiedenen hinzunimmt. Rund 20 Prozent der über 85-jährigen Männer haben keine pflegefähige, sondern eine bereits selbst pflegebedürftige Frau. Durch Scheidung oder Verwitwung verlassene Männer haben ein doppelt so hohes Mortalitätsrisiko wie verheiratete[82]. Und was die Pflegebedürftigkeit betrifft, »haben die Verwitweten ein mit 74 Prozent, die Ledigen ein mit 64 Prozent und die Geschiedenen ein mit 38 Prozent höheres Risiko in der Pflegestufe I pflegebedürftig zu werden, als es für verheiratete Männer der Fall ist.«[83]

Deswegen müssen Männer, mehr als Frauen, sich aktiv um ein soziales Netz bemühen. Sie müssen aktiv Freundschaften und vor allem gute Nachbarschaftskontakte pflegen. Denn inzwischen werden ein immer größerer Teil von kleinen und größeren Hilfen für Ältere, aber auch immer mehr Pflegeleistungen von Freunden und Nachbarn erbracht. Heimunterbringung ist in vielen Fällen nicht in erster Linie der Pflegebedürftigkeit geschuldet, sondern Problemen mit der Bewältigung des ganz normalen Alltags im Alter. Eine gute Nachbarschaft fällt nicht vom Himmel, sondern bedeutet, frühzeitig und aktiv selbst den anderen ein guter Nachbar zu sein, dem diese eines Tages gerne etwas von dessen Vorleistungen vergelten wollen.

Zur Prävention gehört auch eine altersgerechte Wohnung. Wie will ich, wie wollen wir im Alter wohnen? Will ich es darauf ankommen lassen und in meinem gefühlt immer größer werdenden Haus mit seinem immer schnel-

ler überwuchernden Garten, mit immer schlechteren in-
frastrukturellen Bedingungen bleiben, bis man mich eines
Tages herausträgt? Dann wäre zumindest eine zeitige roll-
stuhl- und altersgerechte Wohnraumanpassung sinnvoll,
die oft schon mit kleinen baulichen Veränderungen möglich ist. In den meisten Kommunen und Landkreisen gibt
es Beratungsstellen für Wohnraumanpassung, wofür auch
Mittel der Pflegeversicherung in Anspruch genommen
werden können.

Eine immer größere Rolle werden technische Lösungen
spielen, die derzeit meist unter dem Begriff AAL = Am-
bient Assisted Living zu finden sind. Es gibt intelligente
und fantasievolle Unterstützungs-, Überwachungs- und
Betreuungssysteme, die zwar zuweilen an Orwells Big
Brother erinnern, insgesamt jedoch einen Zugewinn an
Selbstständigkeit und damit einen längeren Verbleib in der
eigenen Wohnung ermöglichen. Viele dieser Systeme sind
derzeit noch im Pionierstadium und entsprechend teuer,
werden aber angesichts zunehmend technikaffiner Älterer
eine immer größere Rolle spielen.

Oder will ich mich rechtzeitig mit Wohnalternativen beschäftigen? Rechtzeitig könnte etwa dann sein, wenn die
Kinder endgültig flügge geworden sind und wir auf Wahlverwandtschaften im Nahbereich angewiesen sind. Ein
gemeinschaftliches Wohnprojekt, möglichst mit Menschen unterschiedlichen Alters, trägt der Tatsache Rechnung, dass die Kreise der Mobilität im Alter immer kleiner
werden und dass alles Wichtige im Nahbereich angesie-
delt sein sollte: Eine Anbindung an den öffentlichen Nah-
verkehr, eine gute Versorgung mit Lebensmitteln und vor
allem eine ausreichende Zahl von generationsübergrei-
fenden, sozialen Kontakten. So können unterschiedliche
kommunikative Bedürfnisse in der unmittelbaren Nach-

barschaft befriedigt werden, kleine gegenseitige Unterstützungsleistungen erhöhen die Wahrscheinlichkeit, auch im höheren Lebensalter nicht alleine zu stehen. Solche Wahlverwandtschaften können keine professionelle Pflege ersetzen, aber sie hinausschieben und alltagsnahe und pflegeflankierende Hilfen leisten*. Vielen Männern kommt das Alter wie ein unendliches Wartezimmer vor; ein solches Wohnprojekt könnte dagegen dem Leben wieder neue Herausforderungen und Sinn stiften. Alte, brachliegende berufliche Kompetenzen sind wieder gefragt, und das Ehepaar könnte ein gemeinsames Altersprojekt neu in Verbindung bringen. Schließlich sollte ein verantwortungsbewusster Ehemann mit Blick auf die amtlichen Sterbetafeln daran denken, dass seiner, meist jüngeren Frau womöglich noch einige Witwenjahre bevorstehen. »Frauen müssen damit rechnen, ihren Ehemann im Durchschnitt um 14 bis 15 Jahre zu überleben.«** Da ist es gut, seine Partnerin in einer tragfähigen Wohn- und Lebensgemeinschaft geborgen zu wissen.

Mit anderen für andere für mich

Mehr als die Hälfte aller Männer wird noch immer vor dem 60. Geburtstag aus dem Berufsleben entlassen und hat dann im Dritten Alter im Durchschnitt 15 bis 20 Jahre bei guter körperlicher und geistiger Gesundheit vor sich. Diese Zeit kann nicht einfach ausgesessen und mit Urlaubsreisen zerstreut werden: Männer müssen ihr zweites

---

* Das Forum Gemeinschaftliches Wohnen hat eine nationale Datenbank von Wohnprojekten: www.fgw-ev.de
** Im Alter von 70 bis 74 sind nur 10 Prozent der Männer, aber schon 40 Prozent aller Frauen verwitwet, jenseits der 80 beträgt das Verhältnis 35 Prozent zu 80 Prozent (4. Altenbericht 2002, S. 124).

Leben gestalten, brauchen ein sinnstiftendes Altersprojekt[84]. Hier kann die Engagement- oder Gut-altern-Formel hilfreich sein: Ich für mich – mit anderen – für andere – für mich.

- Ich für mich: Ich suche zunächst das Meine, nutze meine späte Freiheit, entdecke, was mir guttut, entfalte verkümmerte oder neue Fähigkeiten.
- Mit anderen: Nach dem Verlust der beruflichen Sozialkontakte knüpfe ich mit anderen neue Netzwerke, pflege Beziehungen und Freundschaften.
- Für andere: Über die Geselligkeit hinaus engagieren wir uns gemeinsam für andere, Junge und Alte, die auf der Schattenseite des Lebens stehen, und für anderes, das Gemeinwesen, die Natur, die Gesellschaft. Diese »Tagesdosis an Bedeutung für andere«, die nach Klaus Dörner jeder Mensch so dringend braucht, stiftet im nachberuflichen Leben wieder den Sinn, den so viele Rentner suchen.
- Für mich: Damit schließt sich dieser Regelkreis einer guten Nachbarschaft, eines intakten Gemeinwesens, einer lebendigen Kirchengemeinde. Denn wo ich mich derart mit anderen für andere engagiert habe, steigt die Chance, dass dereinst andere sich um mich kümmern werden, wenn ich auf ihre Hilfe angewiesen bin.

Der Markt an Projekten für Freiwillige, Ehrenamtliche, bürgerschaftlich Engagierte, Volunteers wächst und ist in größeren Städten kaum noch überschaubar. Mancherorts werden über Ehrenamtsbörsen Angebot und Nachfrage vermittelt. Insbesondere das soziale Engagement, mit Menschen für Menschen, verzeichnet oft noch einen großen Männermangel. Viele Männer können sich nach einem Berufsleben, das vor allem von Technik und anderen sachlichen, materiellen Bezügen geprägt war, nicht vorstellen, dass sie selbst von einem Besuchsdienst oder einer Sterbebegleitung profitieren könnten. Insbesondere in pflegeflankierenden und -präventiven Projekten bedarf es daher einer männerspezifischen Ansprache. Kommunikative Beziehungen fallen Männern meist leichter, wenn sie über das gemeinsame Tun, über ein unterstützendes Medium, wie etwa den Hundebesuchsdienst im Heim, vermittelt werden. Wie eine gelingende Ansprache von Männern im pflegeunterstützenden Bereich gelingen kann, zeigen beispielsweise in Baden-Württemberg die Seniorengenossenschaften wie die in Riedlingen*, das Modellprojekt »Seniorennetzwerke«[85] oder die vielfältigen Ansätze im Programm »Pflege engagiert«**. Hier und an vielen anderen Orten in Deutschland, Österreich und der Schweiz werden zukunftsweisende Formen eines Pflegemix von Angehörigen, Nachbarn, Freiwilligen und Profis entwickelt, ohne die unser wachsender Pflegebedarf immer weniger abgedeckt werden kann.

Mehr Männer in die Altenpflege

Was immer wir uns einfallen lassen, es wird den Pflegenotstand vielleicht abmildern, aber nicht lösen. Die gesuchten Arbeitsimmigranten werden weniger werden, die Arbeitsemigration wird ansteigen, wie man dies in grenznahen Regionen zur Schweiz oder nach Skandinavien jetzt schon beobachten kann. Die Konkurrenz um die Jugend wird zunehmen und in derselben Geschwindigkeit, mit der die jungen Frauen klassische Männerberufe er-

---

* www.martin-riedlingen.de
** www.pflege-engagiert.de

obern, werden sie womöglich aus den klassischen Frauendomänen verschwinden. Frauen werden verstärkt auf dem allgemeinen Arbeitsmarkt gebraucht werden und ihre beruflichen Mobilitätsanforderungen werden weiter ansteigen. Das heißt: Ohne Männer wird es in der Pflege keinesfalls mehr gehen.

Alten- und Krankenpflege sind heute Frauenberufe. Der Männeranteil in der Pflege liegt im ambulanten Bereich bei rund 10 Prozent und im stationären bei rund 15 Prozent. Dabei war Pflege ursprünglich einmal ein Männerberuf gewesen und wurde erst im 19. Jahrhundert zu einem typischen, angeblich dem Wesen der (Haus-)Frau entsprechenden Frauenberuf[86]. Erst im 20. Jahrhundert wurden zur Ausbildung wieder Männer zugelassen – und dies zum Teil gegen erhebliche Widerstände der Frauenwelt. So nahmen etwa noch 1967 von den damals insgesamt 19 existierenden evangelischen Altenpflegeschulen nur fünf auch Männer auf. Altenpflege ist für die meisten Männer wenig attraktiv, Bezahlung und Status sind zu niedrig. Eine Aufwertung der Altenpflege kann jedoch nur gelingen, wenn sie zu einem Beruf wird, der auch für Männer attraktiv ist. Auch wenn sich hier die Katze in den Schwanz zu beißen scheint, führt an dieser berufssoziologischen Tatsache nichts vorbei: Die Transformation einer als weiblich geltenden Tätigkeit in eine männliche ist stets mit einer Statuserhöhung verbunden, wie der umgekehrte Fall regelmäßig zu einer Statusminderung führt. Das kann man etwa an der Veränderung im einstmals männlichen Sekretärberuf oder in der früher weiblichen Schriftsetzerei nachverfolgen. »Mehr Männer in die Altenpflege« ist daher das Gebot der Stunde, um der wachsenden Pflegenot zu begegnen[87].

Die diesbezüglichen konjunkturabhängigen und von aktuellen Personalnöten gesteuerten staatlichen Maßnahmen sind allerdings ambivalent in ihrer Wirkung. Wenn die Bundesanstalt für Arbeit mit immer wieder neuen Fördermaßnahmen Arbeitslose für die Altenpflege qualifizieren will, kann dies einerseits einige Löcher stopfen. Andererseits führt dies tendenziell zu einer Abwertung des Berufs: Altenpflege kann offensichtlich jeder. Nach wie vor leidet dieses Berufsfeld zudem darunter, dass noch immer unentschieden scheint, ob für den Berufseintritt eine dreitägige Anlernphase oder ein dreijähriges Pflegestudium angemessen ist. Ohne die vielen engagierten und durchaus für die Altenpflege geeigneten Umschülerinnen und Umschüler abqualifizieren zu wollen, scheint angesichts der Mobilisierung solcher Reservearmeen auf dem Arbeitsmarkt die Klage des Arztes Johann Friedrich Dieffenbach aus dem Jahre 1832 noch immer aktuell: »Es ist ein wahrer Jammer anzusehen, welche Menschen man als Krankenwärter und Wärterinnen anstellt. Jeder Alte, Versoffene, Triefäugige, Blinde, Taube, Lahme, Krumme, Abgelebte, Jeder, der zu nichts in der Welt mehr taugt, ist dennoch nach der Meinung der Leute zum Wärter gut genug. (…) So ist denn dieser schöne Beruf in Verruf gekommen.«[88]

Wir brauchen mehr Männer in der Altenpflege, um auch den gesetzlichen Vorgaben nachzukommen. Im Pflegeversicherungsgesetz wird in § 2 empfohlen: »Wünsche der Pflegebedürftigen nach gleichgeschlechtlicher Pflege haben nach Möglichkeit Berücksichtigung zu finden.« Dieser Wunsch kann Frauen in aller Regel ohne Weiteres erfüllt werden, für Männer ist er häufig unerfüllbar, was in besonderer Weise homosexuelle Männer trifft. Darum brauchen wir sowohl in der ambulanten Pflege als auch in den Heimen dringend mehr pflegende Männer.

Leben und sterben, wo ich hingehöre

Rund ein Viertel aller über 85-Jährigen verbringen ihren letzten Lebensabschnitt im Pflegeheim, einem Ort, wie Umfragen immer wieder belegen, wo fast niemand sein möchte – zumindest in kaum einem der real existierenden Häuser. Pflegeheime sind in aller Regel zu groß, zu unpersönlich, versammeln mehr Krankheit, Verwirrung und Sterben an einem Ort, als dies irgendeiner der dort Lebenden oder Arbeitenden ertragen kann. Auch wenn es schlechtere und bessere Heime gibt, auch wenn Heimskandale nicht die Regel sind, lässt sich das klassische Heim nur bis zu einem bestimmten Punkt humanisieren. Im spezifischen Charakter der großen, »totalen Institution« liegen strukturelle Barrieren, die alle Versuche begrenzen, in ihr ein normales, das heißt individuelles und einigermaßen selbstbestimmtes Leben zu führen[89].

Pflegeheime sind die »anderen Frauenhäuser« in unserem Lande. Es sind zu rund 80 Prozent Frauen, die darin gepflegt werden, rund 80 bis über 90 Prozent der Pflegenden sind Frauen, nahezu ausschließlich Frauen machen die Hauswirtschaft, überwiegend Frauen sind die Besucherinnen, die meisten Ehrenamtlichen sind Frauen. Es ist – wie bei den meisten Angeboten der Altenarbeit – eine Frauenkultur mit ein paar wenigen eingesprengten Männern. Die Angebote zur Beschäftigung, Bewegung und Begegnung haben meist weiblichen Charakter; alte Männer werden zu Aktivitäten aufgefordert, die kaum einen Bezug zu ihrem bisherigen Leben aufweisen, ihre brüchige männliche Identität weiter beschädigen und wobei sie sich zuweilen selbst lächerlich machen. »Weihnachten sollen wir Plätzchen backen, Ostern Eier färben und zwischendurch Mandalas ausmalen oder uns zehn Minu-

213

ten lang mit Wäscheklammern aktivieren lassen«, beklagt der Heimkenner Schützendorf diese Misere. Er empfiehlt den alten Männern: »Unterdrücken Sie Ihr Interesse für Sport, Sex und Saufen. Die drei großen ›S‹ werden in der Altenpflege klein geschrieben: satt, sauber, still.«[90]

Nach wie vor werden landauf landab zu große, totale und unerträgliche Institutionen gebaut, obwohl man doch längst die humaneren Alternativen kennt und erprobt hat. Bundesweit gibt es inzwischen viele attraktive Kleinstheime, die Hausgemeinschaft um die Ecke, wo maximal acht bis zehn alte Leute in annähernd normalen Haushalten das tun, was sie ihr Leben lang getan haben: den Haushalt führen, im Garten nach dem Rechten sehen, ein paar Schritte um den vertrauten Block gehen. Versorgt von Profis sind dort weiterhin auch Angehörige, Nachbarn und Freunde jeglichen Alters beteiligt, sorgen für einen lebendigen, anregenden Alltag und machen auf diese Weise all die Bewegungs-, Beschäftigungs-, Sozio- und sonstigen Therapien überflüssig, die in den großen Institutionen den ver-rückten Alltag wieder ein bisschen zurechtrücken und normalisieren sollen. Noch immer machen es die Heimgesetze solch lebenswerten Alternativen nicht gerade leicht und für profitorientierte Investoren sind die großen Häuser interessanter.

Wenn wir leben und sterben wollen, wo wir hingehören[91], dann müssen wir derartige Wunschmodelle für unser eigenes Alter erkämpfen und durchsetzen. Wir müssen Mitstreiter suchen, mit denen wir etwa einen Interessen- und Trägerverein gründen, um schon einmal für unsere Angehörigen eine humanere Lösung zu finden. Das könnte ein wahrlich herausforderndes Männerprojekt sein!

214

Bewusst angenommene Abhängigkeit

Wo und wie auch immer wir dereinst gepflegt werden
(wollen), eines Tages werden wir mit der Tatsache konfrontiert sein, mit unseren lebenslangen Männeridealen
nicht mehr zurechtzukommen. Unabhängigkeit, Selbstbestimmung und rationale Steuerung werden uns immer weniger zur Verfügung stehen. Männer, die sich zeitlebens
als autonome Wesen verstanden haben nach dem Motto
»Und das bisschen Kochen könnte ich im Zweifelsfall auch
selbst!«, müssen sich auf einen letzten Lebensabschnitt
einstellen, in dem sie eine immer größer werdende Asymmetrie aushalten müssen. Als Pflegebedürftige können sie
nur noch wenig geben, müssen aber mehr und mehr Hilfe
und Betreuung annehmen. Das menschliche Grundbe-
dürfnis, gegenseitiges Geben und Nehmen in einer ausge-
wogenen Bilanz zu halten, kippt in eine unumkehrbare
Dankesschuld. Wir müssen hinnehmen, dass wir wieder
in die Welt zurückfallen, aus der wir uns als kleine Jungen
so mühsam befreit hatten: die Welt der Frauen, die uns als
Kinder umsorgt hat und unter deren Fürsorge wir als
Greise unser Leben beschließen. Männer, denen dies nicht
gelingt, neigen auch als Gepflegte dazu, die Kontrolle über
das häusliche Leben aufrechtzuerhalten, um ihr männliches Selbstbild zu stabilisieren. Sie kennen zumeist die
Belastungen der Pflege nicht, empfinden diese als eine
selbstverständliche Fortsetzung der Frauenarbeit und versuchen ihre Schwäche durch Kontrolle zu kompensieren[92].
Der Gerontologe Andreas Kruse spricht daher von »bewusst angenommener Abhängigkeit« als einer der letzten
Entwicklungsaufgaben, die besonders wir Männer im höheren Lebensalter akzeptieren lernen müssen.

(M)Eine Care-Biografie

Altwerden ist wie auf einen Baum steigen.
Je höher man kommt, desto mehr Kräfte sind verbraucht,
aber umso weiter sieht man.
(Ingmar Bergmann)

Während der Vater beruflich und ehrenamtlich überwiegend aushäusig beschäftigt war, kümmerte und sorgte sich vor allem meine Mutter um uns sieben Geschwister. Mädchen, die oft selbst noch kaum erwachsen waren, standen ihr als Haushaltshilfe zur Seite. Eines Tages vergrößerte die Großmutter noch die Haushaltsgemeinschaft, weil mein Vater als guter Sohn sie nicht ins Heim geben wollte. Die Sorge um sie lag allerdings fortan bei meiner Mutter, einer gebürtigen Hamburgerin, die es der betagten schwäbischen Pietistin nie wirklich recht machen konnte. Die wurde sehr alt und verwirrt (von Alzheimer sprach in den 1960er Jahren noch niemand) und beschloss ihr Leben schließlich schwer dement in einem Pflegeheim.

Aus einer solch patriarchalischen Welt kommend und von den 68ern geprägt, interessierte ich mich früh schon für soziale Fragen und als Schüler hatte ich meine erste intensive Begegnung mit schwerstmehrfachbehinderten Kindern und Jugendlichen. Über die kirchliche Jugendarbeit führte mein Weg in das Studium der Sozialen Arbeit, die in den 1970er Jahren wesentlich mehr Männer anzog als heute, da damals die sozialen Fragen noch offensiver als politische diskutiert wurden. Im Beruf hatte ich zu tun mit randständigen Jugendlichen, mit psychisch Kranken und Menschen mit geistiger Behinderung sowie mit Heimkindern, bis ich schließlich meine Erfahrungen in der Erwachsenenbildung verarbeiten und weitergeben konnte. Um auch selbst einmal zu spüren und nicht nur davon zu reden, wie sich praktische Altenpflege anfühlt, arbeitete ich vier Wochen in einem Pflegeheim mit. Nachdem Scham und Ekel einigermaßen überwunden waren, konnte ich diese Arbeit so dicht an den Menschen, von denen so viel zurückkommt, immer mehr genießen. In der Leitung eines ambulanten Hospizdienstes war ich für einige Jahre mit Sterben, Abschied und Trauer befasst.

Den abwesenden Vater vor Augen, von der Frauenbewegung infiziert, wollte ich selbst meinen Kindern ein aktiverer Vater sein. So war es keine Frage, dass ich mich an Windelwechseln, Zubettbringen, Kindererziehung und Haushaltsführung, wo irgend möglich, beteiligte und dass ich für einige Jahre meine Berufstätigkeit reduzierte. Anfangs fiel es mir nicht ganz leicht, in einer Frauenwelt den Mann zu stehen und mich als »richtiger« Mann zu fühlen. Vor dem Kindergarten verlor ich nie völlig den Status als Exot, die Erzieherinnen musste ich darauf hinweisen, dass bei Elternbriefen mit der Anrede »Liebe Mamas!« doch etwas Wichtiges fehlte. Teilweise war es anstrengend, unsere beiden Berufe und die Betreuungszeiten der Kinder aufeinander abzustimmen, aber ohne Frage war diese »Doppelbelastung« für mich unterm Strich ein großes Geschenk. Wenn all die Vollzeit berufstätigen Männer wüssten, was sie in ihrem Leben verpassen!

Vater und Schwiegereltern sind bereits gestorben, meine Mutter ist frühzeitig in ein Seniorenstift eingezogen, um so ihre Pflegefrage zu lösen und die Beziehung mit ihren Kindern nicht damit zu belasten. So könnte die nächste Pflegeherausforderung meine eigene oder die meiner Frau sein. Wir beschäftigen uns gelegentlich mit der Frage, wie wir im Alter leben wollen. Ob es ein generationenübergreifendes, gemeinschaftliches Wohnprojekt werden wird, wie es mir vorschwebt, bedarf noch einiger Klärungsprozesse. Dies sollte beizeiten, das heißt eigentlich in den nächsten Jahren, geplant und umgesetzt werden. Ein Projekt, in dem rechtzeitig gegründete und gepflegte Wahlverwandtschaften auch im hohen Alter einen längeren Verbleib in den eigenen vier Wänden ermöglichen. Sei es, dass ich mich noch einige Jahre um ein paar Wahlenkel kümmere oder einem gebrechlichen Nachbarn sein Leben etwas erleichtere und eines Tages vielleicht ein bisschen davon zurückkommen wird. Wenn dann der Umzug in die in der Wohnanlage integrierte Pflegegruppe nötig werden wird, ist das nur noch ein kleiner Schritt, da ich dort als Nachbar lange schon ein- und ausging. Und wenn ich mich dann eines Tages mehr und mehr in meine innere Welt zurückziehen sollte, dann hoffe ich auf ein Umfeld, das mich weiterhin nach meinen Möglichkeiten und Bedürfnissen am Leben teilhaben und in Frieden sterben lässt.

Literatur

Amann, Anton: Die großen Alterslügen. Generationenkrieg – Pflegechaos – Fortschrittsbremse? Wien 2004

Anonymus: Wohin mit Vater? Ein Sohn verzweifelt am Pflegesystem. Frankfurt/M. 2007

Arndt, Jutta/Bartjes, Heinz/Hammer, Eckart: Seniorennetzwerke in gemeinwesenorientierten Gruppen in Baden-Württemberg. Stuttgart 2008

Backes, Gertrud M./Amrhein, L./Wolfinger M.: Gender in der Pflege – Herausforderungen für die Politik. Expertise im Auftrag der Friedrich-Ebert-Stiftung, Bonn 2008

Bundesministerium für Gesundheit: Abschlussbericht zur Studie »Wirkungen des Pflege-Weiterentwicklungsgesetzes«. Bericht zu den Repräsentativerhebungen von TNS Infratest Sozialforschung, Berlin 2011

Deutscher Alterssurvey (DEAS) 2008. Sonderauswertung Deutsches Zentrum für Altersfragen (DZA), Berlin

Betz, Detlef: Praxisbeispiele. In: Langehennig, Manfred/Betz, Detlef/Dosch, Erna: Männer in der Angehörigenpflege. Weinheim 2012. S. 105–137

Bischoff, Claudia: Frauen in der Krankenpflege – Zur Entwicklung der Frauenrolle und Frauenberufstätigkeit im 19. und 20. Jahrhundert. Frankfurt/M. 1984

Borchert, Lars/Rothgang, Heinz: Soziale Einflüsse auf das Risiko der Pflegebedürftigkeit alter Männer. In: Bauer, Ullrich/Büscher Andreas (Hrsg.): Soziale Ungleichheit und Pflege. Wiesbaden 2008. S. 215–237

Bruder, Jens: Filiale Reife – ein wichtiges Konzept für die familiäre Versorgung kranker, insbesondere dementer alter Menschen. In: Zeitschrift für Gerontopsychologie und -psychiatrie. 1/1988. S. 95–101

Calasanti, Toni: Masculinities and Care Work in Old Age. In: Arber, Sara/Davidson, Kate/Ginn, Jay (Hrsg.): Gender and Ageing. Changing Roles and Relationships. Philadelphia 2003. P. 15–30

Dörner, Klaus: Leben und sterben, wo ich hingehöre. Dritter Sozialraum und neues Hilfesystem. Neumünster 2007

Franke, Luitgard: Demenz in der Ehe. Über die verwirrende Gleichzeitigkeit von Ehe- und Pflegebeziehung in der psychosozialen Beratung für Ehepartner Demenzkranker. Bielefeld 2005

Freiwilligensurvey 2009 – Gensicke, Thomas/Geiss, Sabine: Hauptbericht des Freiwilligensurveys 2009: Zivilgesellschaft, soziales Kapital und freiwilliges Engagement in Deutschland 1999 – 2004 – 2009. TNS Infratest Sozialforschung, München 2010

Gröning, Katharina/Kunstmann, Anne Christin: Generationsbeziehungen und Generationsfürsorge in modernen Zeiten. In: Bauer, Annemarie/Gröning, Katharina (Hrsg.): Gerechtigkeit, Geschlecht und demografischer Wandel. Frankfurt/M. 2008. S. 17–44

Hammer, Eckart/Bartjes, Heinz: Männer und Männlichkeit in der Sozialen Arbeit – am Beispiel Altenarbeit. In: Sozialmagazin. 9/1995. S. 10–28

Hammer, Eckart/Bartjes, Heinz: Mehr Männer in den Altenpflegeberuf. Eine Expertise im Rahmen des Gender Mainstreaming erstellt vom Caritasverband der Diözese Rottenburg-Stuttgart e.V. Eigenverlag. Stuttgart 2005

Hammer, Eckart: Männer altern anders. 3. Auflage, Freiburg 2008

Hammer, Eckart: Wenn Pflege an Grenzen gerät – Gewalt im Pflegealltag. In Alzheimer Gesellschaft Baden Württemberg e.V. (Hrsg.): Leben im Anderland. Stuttgart 2009. S. 74–75

Hammer, Eckart: Männer – Alter – Pflege. Pflegen Männer ihre Angehörigen? Oder werden sie nur gepflegt? In: Sozialmagazin 7–8/2009, S. 22–28

Hammer, Eckart: Das Beste kommt noch – Männer im Unruhestand. Freiburg 2010

Hammer, Eckart: Schlaglichter auf eine Politik für alte(rnde) Männer. In: Theunert, Markus: Männerpolitik – Was Jungen, Männer und Väter stark macht. Wiesbaden 2012. S. 183–208

Hammer, Eckart: Männer im Alter: zurück in die Frauenwelt. In: demenz Das Magazin. 13/2012, S. 34–36

Hammer, Eckart: Pflegen? – Männersache! Männer in der Angehörigenpflege. In: Archiv für Wissenschaft und Praxis der sozialen Arbeit. 3/2012. S. 42–49

Harris, Phyllis B.: The misunderstood caregiver? A qualitative study of the male caregiver of Alzheimer's Disease victims. In: The Gerontologist. Vol. 33, No. 4. 1993. P. 551–556

Harris, Phyllis B.: The voices of husbands and sons caring for a family member with dementia. In: Kramer, B.J./Thompson, E.H. Jr. (Eds.): Men as caregivers. Theory, research, and service implications. New York 2002. P. 213–233

Hirsch, Rolf D./Kranzhoff, Erhard U.: Prävention von Gewalt gegen alte Menschen im häuslichen Bereich und in Einrichtungen. Bonn 1999

Jöllenbeck, Dorothea: Zurück nach Hause. Meine alten Eltern und ich. Freiburg 2007

Kaye, Lenard W./Applegate, Jeffrey S.: Older Men and the Family Caregiving Orientation. In: Thompson, Edward H. (Ed.): Older Men's Lives. Thousand Oaks 1994. P. 218–236

Klein, Thomas: Soziale Position und Lebenserwartung. Eine kohortenbezogene Analyse mit den Daten des sozio-ökonomischen Panels. Zeitschrift für Gerontologie 26, 1993. S. 313–320

Klessmann, Edda: Wenn Eltern Kinder werden und doch die Eltern bleiben. Die Doppelbotschaft der Altersdemenz. 5. Auflage, Bern 2004

Klie, Thomas/Monzer, M. (2008): Case Management in der Pflege. Die Aufgabe personen- und familienbezogener Unterstützung bei Pflegebedürftigkeit und ihre Realisierung in der Reform der Pflegeversicherung. In: Zeitschrift für Gerontologie und Geriatrie. Bd. 41, Heft 02, 04/2008, S. 92–105

Klott, Stefanie: »Ich wollte für sie sorgen« – Die Situation pflegender Söhne: Motivation, Herausforderungen und Bedürfnisse. Frankfurt/M. 2010

Kohli, Martin: Das Alter als Herausforderung für die Theorie sozialer Ungleichheit. In: Berger, Peter A./Hradil Stefan (Hrsg.): Lebenslagen, Lebensläufe, Lebensstile. Göttingen 1990. S. 387–406

Kramer, Betty J./Thompson, Edward H. Jr. (Eds): Men as caregivers. Theory, research and service implications. New York 2002

Lambrecht, P./Bracker, M./Dallinger, U. & Wagner, R.: Die Pflegebereitschaft von Männern. 50 Jahre kann man nicht einfach beiseite schieben. Kassel: Interdisziplinäre Arbeitsgruppe für Angewandte Soziale Gerontologie. ASG-Veröffentlichung, Nr. 20. 1992

Langehennig, Manfred: Männer in der Angehörigenpflege: In der Angehörigenarbeit seinen »Mann« stehen – Einblicke in die gender-konstruierte Sorge-Arbeit pflegender Männer. In: Langehennig, Manfred/Betz, Detlef/ Dosch, Erna: Männer in der Angehörigenpflege. Weinheim 2012. S. 13–44

Lionni, Leo: Frederick. Weinheim 1967

Lutz, Helma: Vom Weltmarkt in den Privathaushalt – Die neuen Dienstmädchen im Zeitalter der Globalisierung. Opladen 2007

Mace, Nancy L./Rabins, Peter V.: Der 36-Stunden-Tag – Die Pflege des verwirrten älteren Menschen mit Demenz. Bern 2001

Matthews, Sarah H.: Sisters and brothers/daughters and sons. Meeting the needs of old parents. Bloomington 2002

Mielck, Andreas: Soziale Ungleichheit und Gesundheit. Einführung in die aktuelle Diskussion. Bern 2005

Monitor Familienleben 2010. Einstellungen und Lebensverhältnisse von Familien. Ergebnisse einer Repräsentativbefragung. Institut für Demoskopie, Allensbach 2010

Neutzling, Rainer: Mit Mann und Maus – Warum sich mehr Frauen als Männer umbringen. In: Sozialmagazin. 6/2003. S. 30–38

Parsens, Karen: The male experience of caregiving for a family member with Alzheimer's disease. In: Qualitative Health Research. Vol. 7, No. 3, 1997. P. 391–407

Pflegestatistik 2011 – Deutschlandergebnisse. Hrsg. Statistisches Bundesamt, Wiesbaden 2013

Perry, JoAnn: Wives giving care to husbands with Alzheimer's disease: A process of interpretative caring. In: Research in Nursing & Health. Vol. 25, 2002. P. 307–316

Peters, Meinolf: Klinische Entwicklungspsychologie des Alters. Göttingen 2004

Pinquart, Martin/Sörensen, Silvia: Helping caregivers of persons with dementia: which interventions work and how large are their effects? In: International Psychogeriatrics. Vol. 18, Issue 04. December 2006. P. 577–595

Przyborski, Aglaja/Wohlrab-Sahr, Monika: Qualitative Sozialforschung. Ein Arbeitsbuch. München 2010

Rerrich, Maria S.: Die ganze Welt zu Hause. Cosmobile Putzfrauen in privaten Haushalten. Hamburg 2006

Rosenmayr, Leopold: Alterspositionen im Kulturvergleich. In: Landeszentrale für politische Bildung Baden-Württemberg (Hrsg.): Alte, alternde Gesellschaft, Altenpolitik. 4/1995. S. 167–171

Rothgang, Heinz/Iwansky, Stephanie/Müller, Rolf/Sauer, Sebastian/ Unger, Rainer: BARMER GEK Pflegereport 2011. Schriftenreihe zur Gesundheitsanalyse. Band 11. St. Augustin 2011

Rothgang, Heinz/Müller, Rolf/Unger, Rainer/Weiß, Christian/Wolter, Annika: BARMER GEK Pflegereport 2012. Schriftenreihe zur Gesundheitsanalyse. Band 17. Siegburg 2012

Russel, Richard: In sickness and in health. A qualitative study of elderly men who care for wives with dementia. In: Journal of Aging Studies. Vol.15, 2001. P. 351–367

Russell, Richard: Men Doing »Women's Work«: Elderly Men Caregivers and the Gendered Construction of Care Work. In: Men and Masculinities 15, 2007. P. 1–18

Schneekloth, Ulrich: Entwicklungstrends beim Hilfe- und Pflegebedarf in Privathaushalten – Ergebnisse der Infratest-Repräsentativerhebung. In: Schneekloth, Ulrich/Wahl, Hans Werner (Hrsg.): Möglichkeiten und Grenzen selbständiger Lebensführung in privaten Haushalten (MuG III). Repräsentativbefunde und Vertiefungsstudien zu häuslichen Pflegearrangements, Demenz und professionellen Versorgungsangeboten. Integrierter Abschlussbericht im Auftrag des Bundesministeriums für Familie, Senioren, Frauen und Jugend. München 2005. S. 55–98

Schützendorf, Erich: In Ruhe alt werden können? Frankfurt/M. 2005

Siebter Familienbericht – Familie zwischen Flexibilität und Verlässlichkeit. Perspektiven für eine lebenslaufbezogene Familienpolitik. Bundesministerium für Familie, Senioren, Frauen und Jugend, Berlin 2006

Siriopoulos, George/Brown, Yvonne/Wright, Karen: Caregivers of wives diagnosed with Alzheimer's disease; Husband's perspectives. In: American Journal of Alzheimer's Disease. Vol. 14, No. 2, 1999. P. 79–87

Sowarka, Doris/Au, Cornelia/Flascha, Michael: Männer in der häuslichen Pflege Angehöriger. In: Informationsdienst altersfragen. Vol. 31 (5) 2004. S. 5–8

Thompson, Edward: What's unique about men's caregiving? In: Kramer, Betty J./Thompson, Edward H. Jr. (Eds.): Men as caregivers. Theory, research, and service implications. New York 2002. P. 20–47

Vierter Bericht zur Lage der Älteren Generation. Bundesministerium für Familie, Senioren, Frauen und Jugend (Hrsg.), Berlin 2002

Volz, R./Zulehner, P. M.: Männer in Bewegung. Baden-Baden 2009

Winkelmann, Ulrike: Auswirkungen der demografischen Entwicklung auf den Bedarf an Pflegeleistungen und das Potenzial familiärer Pflege in Baden-Württemberg, in: Statistisches Landesamt Baden-Württemberg: Trends und Fakten 2004 – Einfluss der demografischen Entwicklung auf die Pflege und Krankenhausversorgung, Stuttgart, 2004. S. 49–76

Witzel, Andreas: Das problemzentrierte Interview. In: Forum Qualitative Sozialforschung. Art. 22. 1/2000

Wolff, Horst-Peter/Wolff, Jutta: Geschichte der Krankenpflege. Basel 1994

Zank, Susanne/Schacke, Claudia. Projekt Längsschnittstudie zur Belastung pflegender Angehöriger von demenziell Erkrankten (LEANDER). Abschlussbericht Phase 2: Längsschnittergebnisse der LEANDER Studie. 2005

Zulehner, Paul M.: Who cares? Männer und Pflege. Zusatzauswertung der wiss. Untersuchung »Männer im Aufbruch II«. Wien 2009

Anmerkungen

1 Monitor Familienleben 2010, S. 41
2 www.destatis.de
3 Pflegestatistik 2011
4 Hammer/Bartjes 2005
5 Bundesministerium 2011, S. 27
6 Bundesministerium 2011, S. 26
7 Eigene Berechnungen nach Rothgang u.a. 2012, S. 88
8 Eigene Berechnungen nach Deutscher Alterssurvey 2008
9 Rothgang u.a. 2012, S. 88
10 Russell 2007, S. 299
11 Kaye u.a. 1994, S. 218
12 Winkelmann 2004, S. 66
13 Langehennig 2009, S. 54
14 Siebter Familienbericht 2006, S. 141
15 Freiwilligensurvey 2009
16 Arndt/Bartjes/Hammer 2008
17 Kohli 1990
18 Russell 2007, S. 303–305
19 Gröning/Kunstmann 2008, S. 39
20 Sowarka u.a. 2004, S. 6
21 Klott 2010; Langehennig 2012
22 Franke 2005, S. 96
23 Russel 2001
24 Thompson 1997 zit. n. Franke 2005, S. 96
25 Langehennig 2012, S. 47
26 Langehennig 2012, S. 33
27 Langehennig 2012, S. 47
28 Klie/Monzer 2008, S. 93
29 Witzel 2000
30 Przyborski/Wohlrab-Sahr 2010, S. 184–310
31 Langehennig 2012; Franke 2006; Zulehner 2009
32 Matthews 1994, S. 180–181
33 Franke 2005, S. 191 unter Bezug auf Corcoran 1993; Perry 2002; Perry/O'Connor 2002; Wright 1993
34 Lambrecht/Bracker 1992

35 Vierter Bericht zur Lage der Älteren Generation 2002, S. 198
36 Zulehner 2009
37 Pinquart/Sörensen 2006, S. 34
38 Kramer/Thompson 2002, S. 109
39 Lambrecht/Bracker 1992, S. 112
40 Harris 1993; Lambrecht/Bracker 1992; Russel 2001; Siriopoulos/Brown/Wright 1999
41 Zulehner 2009, S. 4
42 Perry 2002
43 Klott 2010, S. 127
44 Zulehner 2009, S. 5
45 Thompson 2002
46 Zank/Schacke 2005, S. 142
47 Siriopoulos u.a. 1999
48 Langehennig 2012, S. 32; Parsens 1997; Harris 2002
49 Langehennig 2012, S. 32
50 Calasanti 2003, S. 22; Thompson 2002, S. 34
51 Russell 2001; Zulehner 2009, S. 5
52 Langehennig 2012, S. 33
53 Kohli 1990
54 Mace/Rabins 2001
55 Amann 2004
56 Hirsch/Kranzhoff 1999
57 Anonymus 2007
58 Lutz 2007; Rerrich 2006
59 Neutzling 2003, S. 38
60 Langehennig 2012, S. 35
61 www.armutdurchpflege.de
62 Hammer 2012
63 Bruder 1988
64 Klessmann 2004
65 Lambrecht/Bracker 1992
66 Dörner 2007
67 Betz 2012
68 Backes u.a. 2008, S. 4
69 Volz/Zulehner 2009
70 Zulehner 2009
71 Jöllenbeck 2007
72 Dörner 2007

73 Mehr dazu in meinen beiden Büchern »Männer altern anders« und »Das Beste kommt noch – Männer im Unruhestand«

74 Neutzling 2003, S. 37

75 Rosenmayr 1995

76 Alle Zahlen www.bib-demografie.de

77 Statistisches Bundesamt, Pressemitteilung vom 22.11.2010: Zugriff auf: http://tinyurl.com/2w3v6c7 Nun: www.destatis.de

78 Ausführlichere Ausführungen hierzu finden sich in »Männer altern anders«

79 Peters 2004

80 Lioni 1967

81 Mielck 2005, S. 18

82 Klein 1993

83 Borchert/Rothgang 2008, S. 227

84 Ausführlicheres hierzu in meinem Buch: »Männer altern anders«

85 Arndt/Bartjes/Hammer 2008

86 Bischoff 1984, S. 73

87 Ausführlicher hierzu Bartjes/Hammer 2005

88 Zit. nach Wolff/Wolff 1994, S. 143–144

89 Was Erving Goffman schon 1961 endgültig belegte

90 Schützendorf 2005, S. 104

91 »Leben und sterben, wo ich hingehöre« lautet der Titel des empfehlenswerten Buches von Klaus Dörner 2007

92 Calasanti 2003, S. 26

Der Autor kann unter folgender Adresse erreicht werden:

Prof. Dr. Eckart Hammer
Evangelische Hochschule
Paulusweg 6
71638 Ludwigsburg

E-Mail: e.hammer@eh-ludwigsburg.de
www.prof-hammer.de

2 Tal Ben-Shahar: *The Pursuit of Perfect. How to stop chasing perfection and start living a richer, happier life*, McGraw Hill 2009, S. xix.

3 Zitiert nach: Markus Grill: »Alarm und Fehlalarm«, in: *Der Spiegel* 17/2009, S. 124 ff.

4 Kathrin Passig, Sascha Lobo: *Dinge geregelt kriegen – ohne einen Funken Selbstdisziplin*, Berlin 2008, S. 154.

5 Klaus Werle: »Der Königsweg«, in: *Manager Magazin* 6/2008, S. 144 f.

Wenn alle perfekt sind, wer ist dann noch einzigartig?

1 Klaus Werle: »Die Manager-Klone«, in: *Manager Magazin* 4/2008, S. 158 ff.

2 Christine Henry-Huthmacher, Michael Borchard (Hrsg.): *Eltern unter Druck. Selbstverständnisse, Befindlichkeiten und Bedürfnisse von Eltern in verschiedenen Lebenswelten*, Stuttgart 2008, S.50f.

3 Michael Sauga: »Geschlossene Gesellschaft«, in: *Spiegel Geschichte*, 31.3.2009, S. 108 ff.

4 »Mitgefangen, mitgehangen«: Interview mit Alexander Dibelius, in: *Der Spiegel* 19/2009, S. 70 ff.

5 Jörg-Dietrich Hoppe: »Langsames Hinübergleiten in ein steuerfinanziertes System«, in: *Mitteilungen des Presse- und Informationsdienstes der Bundesregierung*, 19.5.2009, S. 1 ff.

6 »Es wird Blut fließen, viel Blut«, Interview mit Eric Hobsbawm, in: *Stern* 20/2009, S. 138 ff.

Gut ist manchmal besser als perfekt

1 Richard Layard: »Glück kann man lernen«, in: *Welt* 25.3.2009, S .7.

2 Richard Layard: *Die glückliche Gesellschaft. Was wir aus der Glücksforschung lernen können*, Frankfurt/New York, 2. Auflage 2009.

3 »Nur kein Diktat«, Interview mit Bruno S. Frey, in: *Die Zeit* 5.7.2007, S. 22.

4 Vgl. Timothy Ferriss: *Die 4-Stunden-Woche. Mehr Zeit, mehr Geld, mehr Leben*, Berlin 2008.

5 Alexandra Rigos: »Was glücklich macht«, in: *Geo Wissen*, 1.6.2009, S. 160-169.

Jeremy Rifkin
Die empathische Zivilisation
Wege zu einem
globalen Bewusstsein

2010, 480 Seiten, gebunden
ISBN 978-3-593-38512-9

Aufbruch in die Zukunft

Jeremy Rifkin schreibt die Geschichte der Zivilisation neu und entwirft die Vision einer zukünftigen Ära. Der Schlüssel für unser Zusammenleben in Wirtschaft, Politik und Gesellschaft ist Empathie: die Gabe, sich in andere Menschen hineinzuversetzen und bei allem, was wir tun, die Konsequenzen für andere zu bedenken. Wir sind nicht von Natur aus egoistische, aggressive Einzelkämpfer. Vielmehr sind Kooperation, Solidarität und Mitgefühl die Grundlagen unseres Zusammenlebens. Auch das menschliche Gehirn ist auf Vernetzung und Solidarität ausgelegt, wie die Neurowissenschaften bestätigen. Herausforderungen wie die globale Wirtschaftskrise und der Klimawandel zeigen: Nur die Fähigkeit zur Empathie erlaubt es, der verstärkten Komplexität unseres Lebens Rechnung zu tragen.

Mehr Informationen unter
www.campus.de

Frankfurt · New York